朝日新書
Asahi Shinsho 954

ルポ　若者流出

朝日新聞「わたしが日本を出た理由」
取材班

朝日新聞出版

はじめに　「まさか」が普通になる時代

「わたしが日本を出た理由」取材班
堀内京子

　2022年10月のある夜、ケンカしていた兄弟がやっと寝静まり、洗濯機が回る低音を聞きながら、わたしは流し台にもたれて足を投げ出して座った。そして蛍光灯の下でスマホを開き、東京都内の公立中に通う上の息子が、ふと口にしたことを思い出していた。

「僕たちのクラス、2学期の中間試験で理科のテストはないんだって。2学期から産休に入った先生の代わりがみつからなくて、授業ができてないから」

　学校の教員不足の問題は全国で長期化していた。コロナ禍でのオンライン授業の対応もわたしのまわりの私立校と公立校では差があった。子どもの公立小学校では前のめりな道徳教育も気になっていた。やっぱり来春小学校に入る下の子だけでも、まわりのように中学受験させたほうがいいのか。でも塾はお金がかかるし、受験勉強をサポートしてやる時間の余裕もない。いやそれ以前に、1年生になったとき、待機児童がいるという学童に入れるのだろうか。新聞記者で子ども2人との3人暮らし。仕事・育児・家事はすべてが不完全で、わたしは常に寝不足だった。賃貸の家賃は負担が重いし、時間と不安に追われるような生活をあと何年続けるのだろう――。いつもの思考回路をたどりながら、現実逃避でツイッター（現X）のタイムライン画面を見ていた。

ふと、誰かが引用した、カナダに子連れで移住した看護師の書き込みが目に留まった。しかも自分と同じシングルマザー。へえ、こんな人がいるんだ、すごいな。

それは、「キラキラ海外生活☆」とか、「時給3000円で稼げる！」と煽《あお》る感じではなく、カナダの病院では同じ看護師でも日本とは違う働き方だということが、淡々とつづられていた。検索を広げてみると、SNSでは、同じように海外で働いている人や、海外で働きたい人たちが様々に発信していた。しかも、看護師や保育士、教員など、日本では人手不足が叫ばれる職種の人たちまでが、「海外で働く」という話題に参加していた。一体どういうことだろう？

数日後、朝日新聞編集局「労働チーム」の作業机で、キャップの石山英明記者と「海外で働くこと」について雑談した。すると石山キャップは「考える人が増えてますよね。取材先でときどき話題になります。企画をやりましょう」とすぐにチームの記者たちに声をかけてくれた。取材班の記者らが所属する「労働チーム」は、職場でのパワハラやセクハラ、長時間労働、医療や介護職、教職、流通、宿泊業などでの人手不足、賃上げや働き方改革、就職活動、外国人実習生制度や地方移住など、ありとあらゆる労働関係の記事を書いている部署だ。だからチームの記者たちは、「働いて、暮らす」という日々の営みが、とても大切なテーマだと知っている。長時間労働やハラスメントで追い詰められて職場を離れる人たちに取材することもある。さらに日本を「働く国の候補の一つ」として客観的に見ている外国人の働き手に取材すれば、働く場としての日本の魅力が薄れていることを感じていた。日本社会を飛び出し海外で働きたいと考えている人たちの存在と、これまで取材してきた働く現場のあれこれは、間違いなくどこかでつながっている。

同チームの平井恵美記者はすでに海外移住関連の情報を書籍やネット上で集めはじめていた。1992年生まれの三浦惇平記者は、海外で働くことは「普通に選択肢の一つという感覚」だという。松浦新記者、企画を仕切る清井聡デスクも加わり、最終的に30歳から60歳まで各年代のメンバーで構成された。それぞれが、ゆとり教育か就職氷河期、あるいはバブル経済を経験していて、日本のイメージや「日本を出ること」への感覚の違いがあることは、このテーマを考える補助線の一つにもなった。

海外に働きに行く人は増えているのだろうか。だとしたら誰が、なぜか、を深めよう。
「これはきっと日本を、裏側から見る企画なんだね」と松浦記者が言った。

まず、海外で働いている人たちを手分けして探し、話を聞かせてもらうことにした。わたしは実名でやっていたツイッターから、あのカナダの看護師さんに「お話を聞かせていただけませんか」とメッセージを送った。何度かのやり取りの後、オンラインで彼女に会い、1回目のインタビューをしたのは11月。カナダ・オンタリオ州と時差14時間の東京は朝4時だった。

働きやすい職場を求めて娘と海を渡ったこと、海外の病院研修を経験したことで、外国で看護師をするという選択肢が浮かんだこと、カナダは看護師が「看護に集中できる」環境で、物価も高いが給料も高いので貯金ができること、子どもには手厚い子育てや教育支援があり、人種も生き方も家族のかたちも多様性があること。いいことばかりではないけれど、日本に帰ることはないだろうと思っていること——。取材班で共有するために2時間半の取材メモを整理しながら、彼女の経験に誰もが日々抱えているだろう葛藤を重ねずにはいられなかった。これなら、挑戦する人が増えるはずだ。

けれどもわたしたち取材班はこのとき、まだ知らなかった。彼女は日本から静かに流れ出て行く水のほんの一滴だったことを。そしてすでに、人手不足とされる職場からだけでなく、働き盛りや子育て世代の人たちも、様々な理由で海外を目指し、日本の将来像を変えていくほどの見過ごせない流れになっていたことを。

取材では、主にオンラインでカナダ、オーストラリア、ドイツ、シンガポールなど世界各地と結び、日本を出ることにした経緯や、様々な働き方や暮らし方を聞いた。コロナ禍で国内の取材もオンラインが日常的になっていたので、海外の話をオンラインで聞くのも以前より身近に感じられた。もちろん現地での取材も敢行している。企画の後半では平井、三浦の両記者がマレーシアやカナダに飛んだ。なぜこの2カ国だったのかは、2人の現地ルポを読んでいただければおわかりいただけるだろう。

「まさか自分が海外に住むとは思ってもいなかった」。取材に応じてくれた何人かがそう口にした。これから紹介する話は、明日のあなたの話かもしれない。

本書は、2023年1～8月にかけて、朝日新聞、朝日新聞デジタルに掲載された連載「わたしが日本を出た理由」に新たに取材を加えて構成・加筆したものです。登場する人物の名前は仮名を含み、年齢や肩書、為替レート、移住に関する制度などは、取材・連載当時のものです。

ルポ　若者流出　目次

第4章　「自分が自分として生きていていいんだ」
――ジェンダー後進国を出た理由

第5章　国を超えて働ける時代へ——低くなった海外移住のハードル

コラム

第1章

「日本では未来がつぶれてしまう」

——働きづらい国からの脱出

娘と海を渡った看護師「日本に戻らない」カナダで増えたお金と余暇

Ｍｉｋｉさん（43歳）

小学校5年生の娘を連れてカナダに渡ったのは、２０１６年のことだった。

看護師として13年勤めた病院を辞めるとき、同僚たちからかけられた言葉は決して前向きなものばかりではなかった。「がんばってね」と応援してくれる人もいたが、看護部の上司からは「戻ってきても、そのとき雇ってあげられるかわからない。カナダで看護師なんて、誰でもなれるわけじゃないよ」と言われた。

「自分自身でもそのとき、１００％の自信なんてなかったです」

それでも看護師としての専門性を活かしてキャリアアップを考えるなら、日本の環境では何年待っても不可能だという思いに駆り立てられた。

「どうなるか全くわからなかったけれど、やってみないことには結果も出ないし、もしカナダで無理だったら、日本に帰ってどこかで看護師として働けばいいかという気持ちでした。看護師の仕事ならどこでも必要だから」

静岡県出身のＭｉｋｉさんは、大学で看護師資格を取得後、すぐに地元の公立病院で働きはじめた。４年目に未婚で出産。実家で同居する母親のサポートを得て、夜勤もこなしながら小さな子どもを育てた。仕事と育児の両立に多忙を極めたが、働きたいと希望していた病院でやりがいを感じていた、はずだった。

ちょうど小児救急病棟に配属されたばかりの頃、小さな転機が訪れる。同僚の医師が以前オーストラリアで働いていたというつながりで、現地の病院から、オーストラリア人の看護師を招いて勉強会が催されたのだ。海外の小児医療について、どのように看護アセスメント（注：患者の状態や問題を把握し、適切な看護ケアを導き出すこと）をするかなど、英語のできるスタッフを通じて話を聞いた。「もともとは海外にも英語にも興味がなかった」が、通訳を介して聞くもどかしさもあり、海外の進んだ看護や医療を直接知りたいと思うようになった。

それまで、ドクター（医師）なら英語で論文を読んだり書いたりして英語ができる必要があるが、看護師の自分には英語は関係ないと思っていた。だが、なんとなく「またこんな研修があるのかな。これからの時代は看護にも英語が必要になるかもな」と考えるようになった。そして、たまたま母親が見かけたという、近所にある個人経営の英会話学校に通いはじめた。

オーストラリア研修で見えた日本の限界

英語を学んだことでM・i・k・iさんのライフコースは大きく変わりはじめる。翌年、今度はM・i・k・iさんが、オーストラリアの病院での研修に派遣されることになった。看護師長にも「もし研修に行けるなら行きたいです」と伝えていた。学校に通って1年弱。まだ英語に自信はなかったが、以前の自分ならおそらく志願すらしていなかっただろう。

空港からタクシーを乗り継ぎ、日本出発から12時間かけて派遣先となるシドニーの子ども病院に到着。病院の壮観な建物を見たときには、新しい環境を体感できる期待に胸が膨らんでいた。

病院に着いた初日から、日本の病院との違いに驚いた。小児救急外来も受付カウンターの雰囲気から全く違う。日本なら常に緊張感がただよっている場所が、ここではかご入りのキャンディーがカウンターに置かれている。M・i・k・iさんが目をとめると、外来の看護師が笑顔で「食べる?」と尋ねてきた。

なにより驚かされたのは、看護師や医師、ボランティアや掃除スタッフらが、勤務中にフレンドリーにおしゃべりしていることだった。日本は医師をトップに、看護師やスタッフなどのヒエラルキーがはっきりしていて、それが当たり前だと思っていたからだ。

日本で看護師は、医師から患者の看護や病気の知識について説明される。たとえば手術後の血液検査のデータの読み方や、具体的な手術の内容や想定される数値の変化などを、医師が一方的に講義するかたちが多く、看護師は受け身になりがちだ。

でも、オーストラリアの病院には職種による上下関係が一切ない。「6歳の患者が海で溺れて心肺停止で搬送されてきた」というテーマのシミュレーション研修では、どう治療していくかなどの話し合いをリードするのは、医師ではなく看護師だった。お互いの専門性を尊重し、垣根にとらわれず、良い治療を提供するためにチームの一員として協力している感覚が新鮮だった。研修では本番さながら、実際に模擬患者を準備して、酸素や点滴を定位置から取り出す、関係先に実際に電話を掛けてみるなどシミュレーションする。知識を得るだけでなく実践まで行うことで、チームのなかで統一してやるべきことを確認できた。

研修を経て、「海外で働く」という選択肢が、はじめて頭に浮かんだ。

Ｍｉｋｉさんが働いていた病院は、横柄な医師や厳しい師長がいてハラスメントが蔓延《まんえん》しているという環境ではなかった。どちらかというと人間関係は良好で、神経をすり減らすようなこともなかったという。

ただ、収入面は厳しく、給料は１年目だと夜勤をやっても手取り20万円。看護師として働きはじめて13年目になっていたＭｉｋｉさんも、月収は30万円ほどで、年収は５００万円台だった。

「給料は増えないし、ボーナスは年々減っていくしで、おかしいなと思っていました。でも、ほかにも看護師で手取り20万円という話を聞いたりして、まあこんなもんだろうと自分を納得させていました」

さらに身体的にも精神的にも疲労が蓄積したのが、休みの少なさだ。休みをとるのは大変で、旅行に行きたくても年に１度の５連休すら簡単ではなかった。有給休暇は20日のうち、子どもの発熱時などにとれて10日で、残りは消えてしまう。全く有休を取得できていない同僚も多かった。

新人時代は先輩に看護記録を確認してもらう「残業」もあったが、それは残業には認められていなかった。院内感染防止の委員会活動や病院運営など、自己研鑽の学びも業務外にされたが、やらないわけにもいかず、プライベートの時間はどんどん削られていった。そんな彼女を立ち止まらせる出来事が起きる。

オーストラリアの病院研修から帰ってきて、「学んだことを同僚たちとシェアしたい」と、職場でシミュレーション研修を企画したときのことだ。

テーマに選んだのは、あの「6歳の患者が海で溺れて心肺停止で搬送されてきた」。Mikiさんが働く救急外来でも、役に立つ内容だと考えた。もちろん正職員の看護師だけでなく、パートで働く同僚の看護師も一緒に参加できるように計画したが、「そのためにパートの看護師への時間外手当を払うことはできない」と上司に言われ、結局、全看護スタッフへの研修は実現できなかった。

「救急外来で働く看護師に必要となる新しい知識やトレーニングを受けるのであれば、当然賃金が払われるべきだろうと考えていました。みんな新しい知識を身につけたいと思っているのに。この病院のなかで、看護師という仕事が大切にされていないんだなあって、がっかりしてしまって」

このときから小さな違和感がたまっていった。

「小児救急看護」「がん化学療法看護」などの専門知識を得ようと、自費で半年間も学校に通って認定看護師（注：特定の看護19分野において高度な知識・看護技術を有することを、日本看護協会によって認められた看護師）の資格を取っても大して昇給しない。専門を十分に生かせない病棟へ異動することもある病院のシステムもだんだん気になってきた。

「この先ずっと、わたしはここでやっていくんだろうか」

カレッジの学び直しから最短でも3年後

自分のキャリアを考え、動き出した。

「外国で、自分が働けるとすれば英語圏だろう」と見当をつけ、海外で働くためになにが必要になるのか調べはじめた。一緒に連れていくことになる小学生の娘については、英語ができるようになるのはいいことだろうとプラスに考え、「あまり綿密に計画を立てる前に動いた」と、当時を振り返る。

海外への目を開かせてくれたオーストラリアも一つの候補だったが、移民の国で公用語が英語という共通点を持つカナダにも惹《ひ》かれはじめた。エージェントにも相談したが、「永住権がないと働けない」と、実際とは違う説明をされたこともあって、結局は自分で調べることにした。カナダで働くには、看護師免許を取り直す必要があったので、州ごとの看護協会のウェブサイトを自分で見て情報収集を進めた。

「通っていた英会話の先生は、自分の生徒がカナダで働くことに挑戦するのを、とても喜んでくれたんです。それで、一緒にウェブサイトも見てくれたり、もし質問があったらいつでも聞いてねと言ってくれたりして、たくさん助けてもらいました」

Ｍｉｋｉさんが関心を持っていた小児看護について、カナダが最先端であることも後押しした。実際に、生活や病院の雰囲気を知りたいと、１週間の休暇を取ってカナダ・トロントを見に行った。知り合いの医師から現地で働く日本人看護師を紹介してもらい、生活ぶりや病院の雰囲気を聞いた。

「カナダで看護師をすると、１年目から年収は６００万～７００万円だよ。さらに昇給もするよ」

ヨーロッパへも近く旅行もしやすそうだ。そしてなにより話してくれた彼女がカナダでの仕事や生活を楽しんでいたのが印象に残り、背中を押された。自分がカナダで働く姿も想像できた。カナダの看護協会を訪れ、「労働ビザでも看護師資格が取れるのか」などについても確認をした。

帰国後、カナダ大使館で開催された留学フェアを訪れると、Mikiさんの場合は2年間日本の専門学校にあたるカレッジに通うことなどで、最短3年後から働けるとわかった。

Mikiさんは、娘とともにさっそくカナダに渡り、オンタリオ州にあるカレッジに入学。カナダ国外の看護師が母国とカナダの看護教育のギャップを埋めるためのプログラムに2年間通い、カナダの国家試験に合格した。試験は英語で行われるため専門用語も英語で覚え直す必要があったが、日本で看護師としての経験があったMikiさんには、それほど難易度が高いとは思われなかった。

カナダで勉強したとき、カレッジ（英語コースと看護コース）の授業料は2年間（実質18カ月）で約300万円、生活費は2年間で約400万円かかった。娘と2人、バスルームとキッチンが共用のシェアハウスに住んだ。カレッジを卒業後まもなく、看護資格を取得し、看護師として働きはじめることもできた。足りない分は日本の病院の退職金500万円と、子どもの学資保険を解約して費用にあてた。

シェアハウスには、娘より少し年上の女の子たちも住んでいて、一人っ子だった娘にきょうだいのように接してくれる。カナダでは法律で子どもを家に残して出かけることができないが、Ｍｉｋｉさんが看護実習で朝早くに出かけなくてはならないときでも、娘を家においていて出られたのはありがたかった。

物価は高いが貯金も増える

下見をした当初に就職先として考えていたのはトロントだった。しかし、家賃が高く自分の収入では暮らしていけないと計画を変更。娘は日本からカナダに来る際も転校していることもあり、再び学校を変えなくてもいいようにカレッジを卒業後は結局そのまま町の病院で働くことにした。

いざカナダで働きはじめてみると、日本との職場環境の違いをより強く感じた。

カナダの病院勤務は、12時間シフトで日勤2日→夜勤2日→5連休というローテーションヨン。また、患者を検査に連れて行く人、採血をする検査課の人、患者の清潔ケアを担当する人など職種が多く、看護師は看護に集中できる。夜勤で受け持つ患者は6人で、単純に比較はできないが、同じような病棟で働く日本の看護師は夜勤で15人をみているという。負荷が倍以上だと感じた。日本の看護師は、採血、食事の配膳、患者さんを検査室に連れて行くなど担う仕事も多様だ。

「日本では、人手が足りないなかで、看護師たちがなんとか回している感じ。どうやったら改善できるのかと思います」

時給は1年目の看護師で33・3カナダドル（約3300円）。勤務は週に37・5時間。ローテーション以外の日に勤務に入ると、時給は1・5倍になり、12時間勤務（45分休憩を含む）で1回5万5000円。月に4回入ればそれだけで22万円の手当になる。さらに今住んでいるオンタリオ州は、祝日の出勤は時給2倍になる。1年に10日間、病欠のための有給休暇も付与され、体調が悪ければ無理に出勤することはない。病棟で働く看護師の数は決まっていて、誰かが病気で休んだときのために待機している看護師もいるので、「病気で休んで悪いな」とまわりに気を使ったり罪悪感を覚えたりせずに済む。

採用のときに年齢や家族構成について聞かれることもなかった。ボーナス、住宅手当、交通費はない。定年退職もなく、先日は同じ病院で70歳の看護師が永年勤続祝いをされたという院内ニュースを見たほどだという。

4年目で年収は約800万円になった。6年目には1000万円にはなる見込みだ。収入面はカナダの人と変わらず、税金負担も同様だ。カナダで日本の確定申告にあたるタックスリターンを、自分でオンライン手続きしている。

「日本では、正社員であれば仕事を首になることもないし、税金の計算も勤め先がやってくれるからわかっていなかった。こんなにもらっているけど、こんなに払っているんだなと実感する」

物価も家賃も高いが、昇給を見据えると年収は日本での給料の2倍ほどになるので、必然的に可処分所得も貯金も増えていく。

多様性のある社会は教育環境の面でもプラスに

Ｍｉｋｉさんは、自身が働いて生活し、子どもに教育を与える場としての国を変えるという大きな決断を、どうしてすることができたのだろうか。

「自分がなにに優先順位を置くのかをはっきりわかっていれば、自然と住む場所や移住先は変わるのでは」

と振り返る。

「わたしの優先順位の1位は、職場環境だったんです。生きている限り働くつもりだからこそ、同じ看護師として働くのであれば、専門性をリスペクトされているかどうか、生活できる給料が保証されているかどうかなどが重要だと考えました。2番目に大事に思っているのは、『その社会でマイノリティーが虐げられていないこと』。人種とか、シングルマザーだとか、LGBTQとかへの差別がなく、ハラスメントが職場にないということが、自分にとっては大切なことです」

Mikiさんの職場には世界中から集まってきた同僚が多い。勤務する病棟は日勤10人の看護師のうち、6～7人が外国出身者。夜勤になると8人中、カナダ生まれの白人系の人が2～3人か、あるいはほとんど外国出身の看護師ということもある。インドやフィリピン出身の看護師が多く、韓国から来た看護師もいる。医者も同様で、病院総合医15人の多くが外国出身だ。現在カナダでは、国外で看護師だった人の免許書き換えのプロセスに時間がかかっていて、看護協会が早期の受け入れを求めて働きかけている。

カナダが移民受け入れ政策を進めていることもあり、地域にもよるが、Mikiさんが住んでいるところはアジア系の住民も多く、肩身の狭い思いをしたことはない。外国人労働者や移民にとって居心地のいい環境だと感じる。

家族のかたちも多様だ。

日本では、小学校や子どもと遊びに出かけた先で、「お父さんは？」と聞かれることがある。いないと知ると「あっ、聞いてごめんね」と微妙な反応をされることも多かった。

「親がいたかもしれないのに……という負い目みたいなものはなくはないけど、しょうがないというのが本音。悪いことはなにもしていないし、別にごめんねって思われることもないんだけど、なんでごめんねって言われてしまうのかなと」

今でも久しぶりに会った日本の友だちから、「幸せな家族像」を前提に、「Ｍｉｋｉも女性だから結婚するでしょう、結婚しないの」と質問攻めにされ、いかにも日本的だなと感じることがある。カナダでは、よほど親しい関係でない限り、そもそも「ダンナさんはなにしてるの？」とか「子どもはいつ産むの？」とかプライベートに踏み込むことはめったに聞かれない。

「結婚しない人も、未婚のまま子どもを持つ人もどちらも特別じゃない。『子どもがいるなら夫がいる』という前提もないし、まわりの目が『かわいそう』と見てこない。いろんな家族のかたちがあって当然で、自分たちが特別じゃないのが気楽です」

そのような多様性は、娘への教育環境の面でもプラスに働くと感じている。

カナダは教育支援も手厚い。娘の教育費は、幼稚園から高校まで公立は無料。進学の仕方は日本とは異なり、たとえば高校受験は基本的になく、住む地域によって進学する高校が決まるという。大学も基本的には高校の成績で入る。成績といってもエッセーや課外活動を中心に評価するため、日本のようにセンター試験に向けて暗記型の勉強スタイルではない。娘がカナダに来たときは10歳だったが、日本の小中学校のほうが理数系は進んでいて、それが自信にもつながったという。ただ、カナダは高校に進むと勉強が難しくなる。公文《くもん》やアイスホッケー、ピアノなどを習わせている家庭もあり、習い事の費用は全般的に日本より高めだ。

カナダでは学生ビザでカレッジに在籍している間でも、入国してから滞在1年半が過ぎると、Ｍｉｋｉさんの場合で児童手当が月5万円支給された。娘が高校生になった現在、オンタリオ州では約2万3０００円。18歳になるまで受給することができる。

いいことばかりではないけれど

「もちろんカナダだって、難しい点はあります。医療の不便さとか家賃の高さという問題があって。自分は看護師なのでなんとか15万円の家賃を払っているけど、そこそこ給料がもらえる人でないと生活は厳しいかもしれない」

カナダでは、医療は無料とはいえ風邪ぐらいで簡単に病院にかかることはできず、整形外科や耳鼻科にかかるのにも医師の紹介が必要となる。「ウォーク・イン・クリニック」と呼ばれる、紹介がなくても行けるような病院は待ち時間が長い。緊急でない手術は半年待ちにもなって、お金があれば手術のために米国に行く人もいるという。日本とカナダ、二つの国で医療に従事したＭｉｋｉさんにとっては、その違いは瞭然だ。

「自分が病気になるのはもう運みたいなものかなと思っています」

物価も日本のほうが断然安い。２０２２年に夏休みで6年ぶりに日本に帰ったときには、電車は便利だし、外食はチップも不要で「こんなに美味しいものが、この値段で食べられるの?」と思うほどだった。

さらに、自分の国籍についても懸念がないわけではない。今は5年ごとに永住権を申請しているが、今後カナダ国籍を取得すれば選挙で投票ができるようになる。カナダでの生活が長くなるにつれて、市民として政治にも参加したいという気持ちが芽生えてきた。日本は二重国籍を認めていないため、カナダ国籍を取得すると日本のパスポートを自動的に失うことになる。そうなると、たとえば、母親の介護で短期間帰国したときなど、空いている時間に日本で働くことができなくなる。それなら永住権のほうがいいかなとも考える。

娘は日本国籍だが、18歳を過ぎたら永住権のままいくか、市民権（国籍）を取るかを選択しなければならない。

「いいことばかりではなく、カナダでの生活には困難もあるが、それでも「日本には帰らないだろうと思います」とMikiさんは言い切る。2023年には、大学院入学という新しい挑戦をはじめたばかり。仕事を続けながら、キャリアアップのためにオンラインで勉強して、4年後を目途にナースプラクティショナーの資格取得を目指すという。この資格があれば、看護だけでなく処方、診察、診断、検査オーダーなど、担える業務が飛躍的に広がる。

「仕事と勉強と大変になるのは承知ですが、同時にワクワクもしています」

自分の優先順位を明確にして、目標のために一つひとつ行動をしてきた彼女のもとには、日本からカナダで看護師をしたいという問い合わせが、コンスタントに届く。

「今、日本の病院で働いているのですが、もっと経験を積んだほうがいいですか」「どうやったらカナダで看護師免許が取れますか」「どうしてカナダに行こうと思ったのですか」。

相談されるケースのなかには、勤務先の病院に「辞めたいです」と言ったのに「人手が足りないから認められない」と言われ、辞めさせてもらえない人や、最後の有給休暇の消化をさせてもらえなかったという人もいる。

「日本では仕事のやりがいがよく強調されるけど、働く人の権利に気づいていない看護師さんは、多いんじゃないかな。もしも権利を主張すれば『わがまま』だと思われたり言われたりする風潮がありますよね」

ただ、自分が今でも日本で働いていたとしたら、もっといい職場環境があると気がつかなかっただろうから、自分が実際に体験してみることは大切なことだったと感じている。Ｍｉｋｉさんは「経験したうえで、『やっぱり日本がいい』と帰るのもありだと思う」と強調しつつも、こう続けた。

「これまで30年、看護師の給料は変わらなかった。自分が生きているうちは、日本での労働環境は変わらないんじゃないかと思います」

Ｍｉｋｉさんは、日本にいたときには難しいと思っていた道を、カナダで切り開くことができた。こんなふうに危機感を持つ若者や閉塞感を募らせる中堅は、ふとしたきっかけで新たな可能性に触れたとき、思わぬ力で進む方向を変えることがある。それは、次のケースでもみられることだった。

コラム 看護師の収入 30〜34歳以降は平均以下

経済協力開発機構（ＯＥＣＤ）が２０２１年に発表した調査をみると、物価水準を考慮した「購買力平価」ベースでの日本の病院勤務の看護師の収入は、調査した34カ国の平均４万８１００米ドル（約６３２万円）より低い４万７００米ドル（約５３３万円）だった。カナダは８番目に高く、５万７７００米ドル（約７６０万円、正看護師のみの数字）だ。

厚生労働省の賃金構造基本統計調査（２０２１年）によると、看護師の平均月給は日本の全産業平均よりは高い。ただ、20代だけが平均より高く、30〜34歳以降は大卒者平均を下回り、高齢になるほど差が拡大する。50〜54歳では全産業大卒者平均が48万４５００円なのに対し、看護師は34万６２００円だ。

日本では、病床あたりの看護師数がＯＥＣＤ加盟国35カ国中30位（２０１７年度時点）と最低レベルにとどまっている。国は看護師確保が困難だとして、配置基準を手厚くする方針を取っていない。コロナ禍での重い責務や離職も問題になった。看護師の資格があっても離職中の「潜在看護師」は約70万人いるとされる。

では現場で従事する看護師には、どのような思いがあるのか。朝日新聞には当事者からの声が寄せられた。

「看護師の労働環境は過酷だ。私のような急性期病棟の看護師は、午後4時～翌午前9時の17時間以上の夜勤が標準で、月4～5回、多いときは倍をこなす。日勤と夜勤を頻繁に繰り返す交代勤務で心身の負荷が大きい。また、余裕のない人員配置のシフトに組み込まれ、私自身、健康を犠牲にしながら生活している」（滝口学「私の視点」、2022年4月8日付）

日本看護協会は「厳しい医療現場で働く看護職員の賃金は、国家資格を有する専門職としての職責や職務に見合っていない」などとし、すべての看護職員の処遇の改善を要望している。

「指導力不足」と見捨てられた元教員失敗許さない日本からカナダへ

友香さん（40歳）

世界で最も暮らしやすい街の一つとされるカナダ・バンクーバー。この街で保育士として働く友香さんは、移住して7回目の冬を迎えた。秋冬は「レインクーバー」と呼ばれるほど雨の多い街だが、このところ、晴れの日が続いている。

日本の公立小学校の教員を2016年に辞め、同じ年にカナダに渡った。18年からカナダの保育施設であるデイケアで保育士として働き、20年秋には永住権を取得した。

「日本で8年間教員として働いたけど、どんなにがんばっても、色々できるようになっても、評価も給料も上がらなかった」

早朝から登校指導や児童、保護者の対応に追われ、授業が終わった放課後も職員会議や翌日の授業の準備、採点など仕事は山積みだった。自宅に持ち帰って仕事をすることもあったが、教員給与特措法（給特法）が定められているため残業代は出なかった（注：公立校教員の給与は、残業代を支給しない代わりに基本給の4％分を「教職調整額」として一律上乗せして支給する仕組みになっている）。人生は「命の時間」だ。たくさんの先生がその時間を削って、子どものために尽くしている。日本ではそれが当たり前で先生たちの人生が大事に扱われていない、と感じていた。

教師の自分も、児童も見捨てられた

初任地の小学校では上司から週に数回呼び出され、クラス運営について指導という名のパワハラを受けた。ときに涙することもあったが、「泣いても解決しない。どうにかしろよ」と一方的に責め立てられ、一緒に改善策を考えてもくれなかったという。診断書が出て休職が決まると、上司からは塾講師の道を選んだ教育実習生の話を引き合いに、遠回しに辞職を促された。

教員になって3年目、人生を変える出来事があった。担任していたクラスの学級崩壊だ。物を投げ、周囲に暴力をふるい、教師の自分にも「死ね、クソばばあ」と暴言をはく児童がいた。暴力のきっかけは、いつもささいなことだった。問題の児童は授業中に手を挙げて、友香さんがほかの子を指名すると暴れた。親に相談すると、「うちの子が異常だと言いたいのか」「先生がちゃんとみていないからだ」などと責められ、協力は得られなかった。

ほかの児童も授業に集中できない。なかには登校するのを怖がる児童もいた。目を離した隙に問題が起きないように、友香さんはトイレを我慢するようになった。クラスには発達障害を抱える児童や不登校気味の児童も在籍し、自宅に迎えに行くなどの対応が必要なときもあった。もう1人では無理だと、職員会議でクラスの状況を報告して、「助けてください」と訴えた。そのときの上司の言葉は忘れられない。

「教師として言ってはいけない一言です。担任はあなたなのだから、自分でどうにかしなさい」

自分だけでなく、問題行動がある子を含めた子どもたちみんなが見捨てられたと感じた。

教育現場への不信から保育士不足のカナダへ

自分なりにがんばったが、年度途中で市の教育委員会から「指導力不足」と判断されて、一時現場から外された。教育委員会から直接、事情を聴かれたことは一度もなかったという。その後、市の教育研究所で「指導改善研修」を受けたが、「指導が不適切」とみなされた。納得がいくはずもなく、労働組合を通じて団体交渉を申し入れ、再び学校現場に戻ることができた。新しい学校では担任を託され、同僚にも恵まれて充実していた。ただ、最初の学校で折れた心は元に戻らなかった。

「わたしの経験やスキルの不足もあったと思う。でも、失敗した人を助けずに、自己責任だと言って排除するような教育現場でいいのでしょうか」

教育現場への不信感が募った。こんなにつらい環境にいる先生たちの姿を、子どもはどう見ているだろうか。「もし自分が子育てするなら違う国でしたい」と考え、日本を出ることに決めた。

「わたしからしたら日本社会から抹殺されかけたので日本を出たという感覚です」

海外での永住も視野に、教員や保育士資格など自分が持つスキルを生かして働ける国として選んだのがカナダだ。

現地で保育士として働く日本人のブログが目にとまり、連絡を取り合った。

単身なら暮らせる給料水準

カナダでも保育士は人手不足が深刻で、就職先を見つけやすい。バンクーバーにあるカナダへの留学や移住を支援する企業「COS」は、保育士の留学・就職支援サービス「ホイクペディア」を展開する。藤井佑耶《ゆうや》社長は「カナダは移民の受け入れに積極的で、保育士は永住権の取得で優遇されている。永住の手段として保育士を考える人も多い」と話す。

日本の大学などで保育士資格を取った場合、ブリティッシュコロンビア州などでは日本で履修した単位を使って資格の書き換え申請ができる。日本で履修した単位がカナダで保育士資格を取るために必要な単位と一致すると認められれば、現地で有効な保育士資格が発行される仕組みだ。

友香さんも大学時代に履修した単位に加え、足りなかった単位をカナダのカレッジで履修するため学生ビザで渡航。3~5歳児を保育できる現地の資格を取得した。実習先だったデイケアに就職が決まり、2018年から永住権を得るまで就労ビザで働いた。

カナダでの生活は想像以上に大変だった。なによりも言葉とビザの問題だ。日本ではオンライン英会話を受講し、カナダでも最初の3カ月は語学学校に通うなど、準備はしていたつもりだった。

「語学学校に入った頃は中級で、卒業するときは上級になっていた。でも、カレッジでは言っていることも、やっていることもさっぱりわからなくて苦労した。就労ビザも、学生ビザが切れるギリギリの年末になって実習先がスポンサーになってくれて取得できた」

カナダで保育士になって5年目。時給22・24カナダドル（約2200円）で働くが、州政府が保育士の待遇改善のため、1時間につき4カナダドル（約400円）を上乗せしている。1日7時間、週5日勤務で、毎月の収入は額面で40万円前後になる。

「時給も上がっていますし、残業すると時給が1・5倍になる。日本の教員は仕事量が多いのに残業した分の給料は出ません。今の職場は当然のように定時に帰れるし、残業が10分でも申告します。ボーナスはありませんが、保育士4年目で月給は日本の小学校教諭8年目を上回りました」

日本より物価が高く、うどん1杯で1000円を軽く超える。ただ、看護師などほかの専門職と比べれば給料は低いが、単身ならなんとか暮らしていける水準だ。

カナダで保育士として働き、衝撃を受けたのは同僚から日々感謝されることだ。毎日職場に行って、自分の仕事をしているだけなのに、「ありがとう」と言われる。日本で教員をしていたときは、こんな経験はなかった。自分を否定されることなく働ける環境があるということを、カナダに来てはじめて知った。

日本にいたら「自分には価値がない」

多民族国家のカナダだけに、子どもたちも瞳や髪、肌の色、家庭で家族と話す言葉もそれぞれ違う。同じ職場の保育士は、ほとんどが韓国や中国、イランなどからきた移民だ。日本に比べて余裕のある配置基準（注：保育士1人がみる子どもの人数を定めたもの）や基本的に残業がない働き方などをSNSなどで発信していると、日本から「カナダで保育士になりたい」という相談が多く寄せられる。日本で働く保育士だけでなく、カナダで一から保育士資格を取りたいという人もいる。

今後もカナダで保育士を続けるつもりだ。一方で、体調を崩して保育士として働けなくなったときのことも考え、オンラインでコーチングをする仕事もはじめた。ネット上で依頼を受けて、顧客との対話を重ねている。

「在宅で収入を得られるようになっておけば、長期で日本に帰らなければいけなくなったとしても、日本社会にまた混じって働かずに済む」

日本に帰るつもりはありますか――。そう尋ねると、友香さんは首を横に振った。

日本は失敗に対する風当たりが強く、性別や年齢などに対する固定的な価値観で人をジヤッジする社会だと感じている。だから、自己肯定感が低く、命を絶つ若者も後を絶たないとも思う。友香さんは、自身も日本にいたらきっと「価値がない人間」だったと言う。カナダでは性別や年齢も履歴書に書かないのが普通で、みんな年齢や体形にかかわらず好きな服を着ている。

「わたしにとって日本は本当の自分を無視して、別の自分を演じないといけない場所。生きていくのは無理なんです」

コラム 長い労働時間　進む教員離れ

教員の厳しい労働環境は社会問題化している。文部科学省が2022年度に実施した公立学校教員の勤務実態調査（速報値）によると、小学校教諭の10、11月の平日1日あたりの勤務時間（在校時間）は10時間45分で、16年度に実施した前回調査から30分減少。中学校教諭は11時間1分と前回から31分減り、土日は2時間18分と約1時間少なくなった。文科省は、働き方改革や業務のICT（情報通信技術）化、コロナ禍による学校行事の減少などで勤務時間が減ったとみる。ただ、1カ月あたりの時間外勤務（残業）は中学校で77％、小学校で64％の教諭が文科省の定める上限時間（45時間）に達していた。残業時間が「過労死ライン」（月80時間）に達した教諭は小学校で14％、中学校では36％だった。

ほかの先進国と比べても労働時間は長い。経済協力開発機構（OECD）が2017～18年に実施した国際教員指導環境調査（TALIS）によると、日本の教員の仕事時間は小学校（15カ国・地域が参加）が週54・4時間、中学校（48カ国・地域が参加）は56・0時間で、いずれも参加国で最長だった。ほかの国より事務業務にかける時間が長く、中学校では部活動などの課外活動の指導時間も長かった。部活動の顧問は放課後の練習や週末の試合、コンクールなどで指導を担うため、長時間労働に陥りやすい。教員本人が希望をしていない場合でも、顧問を任されるケースもあり、現場からは改善を求める声があがる。

公立校の教員には給特法によって、残業代を支給しない代わりに、基本給の４％分を一律上乗せするという独特のルールがある。この仕組みが教員の長時間労働を招いているとの指摘もあり、教育現場からは「定額働かせ放題」との批判も出ている。

過酷な職場環境を背景に、全国各地で教員不足が深刻だ。文科省が２０２１年度に行った調査によると、21年４月の始業日時点で、全国の公立学校１８９７校で２５５８人（うち小中学校で計２０８６人）が不足していた。公立学校教員の志願者も減少傾向だ。朝日新聞が各地の教育委員会に取材したところ、24年度採用試験の志願者は全国で計12万７８５５人で、前年度から６０６１人（４・５％）減ったことがわかった。採用試験を行う全国68機関のうち６割近い38機関で、24年度試験の志願者数がこの５

年間で最低だった。文科相の諮問《しもん》機関・中央教育審議会の特別部会は、質の高い人材の確保を目指して、教員の働き方改革や待遇改善の議論を進めている。

「がんばる親の背中を見せたい」。夫を残し息子とマレーシアへ

津村ようこさん（34歳）

津村ようこさんは2022年夏、9歳と6歳の息子を連れて首都圏からマレーシア・クアラルンプール近郊に移住した。マレーシアは年間の平均気温が約27度で、年間を通じてTシャツにショートパンツといった夏の装いで生活できる。ホテルやショッピングモール内は冷房が効いて肌寒いほどだが、一歩外に出ると強い日差しが照りつける。

海外生活は学生時代からの憧れで、息子たちにも日本の公教育とは別の選択肢を見せたかった。日本で働く夫は、2カ月に1度のペースで会いに来る。毎日、テレビ電話は欠かさず、週末はZoomをつなぎっぱなしにすることもある。

「みんなそれぞれ本を読んだり、仕事をしたり好きなことをして会話をしない時間もあります。同じ空間にいる感覚が味わえて、現代の留学は寂しい思いをしなくてもいいんだってびっくりしました」

日中は自宅で仕事をしている。夕方になるとインターナショナルスクール（以下、インター）から帰宅した子どもたちをのせて車を運転し、公園やスーパーに出かける日もある。自宅の敷地を出ればすぐ目の前が学校という恵まれた環境で、子どもたちは徒歩で通学している。現地では治安面の不安から、スクールバスや親の送迎で通学することが多く、日本のように子どもが1人で通学する姿はほとんど見かけない。夜は親子で一緒に勉強するのが日課だ。現地での生活に欠かせない英語に向き合うのは、大学受験以来。辞書を引きながら、長男と一緒に学校の宿題にも取り組む。日本の小学校に通ったことのない次男とは、タブレット教材も活用しながら家庭での日本語学習を欠かさない。

「上の子は日本では小学3年生で日本語の読み書きの土台ができてからマレーシアに来たので、日本語をすっかり忘れて書けなくなるってことはない。本好きで日本語の本からどんどん吸収しているので心配していません。でも、やっぱり親が日本語力の維持向上に無頓着だったら、どんどん忘れていくと思います。英語はインターに高学年から入ったので苦戦していますね」

仕事と子育ての両立に悩み追われる日々

日本で会社員だった頃は、海外で暮らすという自分の夢を追う暇も、子どもときちんと向き合うゆとりもなかった。仕事は住宅設備メーカーの営業担当。取引先からの無理な依頼やクレームは日常茶飯事だった。顧客対応のため、ほかの部署に頭を下げて回ることも少なくなかった。

加えて職場はサービス残業や休日出勤が当たり前だった。1人目の育休から復帰後、午後4時30分までの時短勤務を選んだが、残業する日も多かった。

「取引先に時短勤務とは言いづらいし、ただでさえ忙しい同僚にフォローをお願いするのも気が引けました」

退社後は次の「仕事」が待っている。子どもたちを保育園から連れ帰り、午後9時就寝を目指して夕食や入浴、寝かしつけなどを滞りなく進めなければならない。子どもが寝たら、今度は翌日の登園準備や洗濯などの家事が待っている。

「もう日々の生活をまわすのに精いっぱい」

ITベンチャーを立ち上げ、多忙だった夫もできる限り育児には関わった。家に帰るのが朝の始発電車になっても保育園に子どもを送ったり、週末は積極的に子どもの相手をしたりしていた。ようこさんの母親の協力を得ようと実家の近くに引っ越し、2人目の育休明けには職場も自宅近くの営業所に変えてもらったところ、今度は人手不足の現場に当たってしまった。以前の職場に輪をかけて忙しくなった。

いつしか、「ねぇママ、きょう保育園でね……」と話しかけてくる子どもの話に耳を傾ける余裕も失っていた。家に帰っても仕事で頭がいっぱいで、食事中に子どもが食べ物をこぼすと「なんでわたしの邪魔をするの」とイライラしてしまう。一方で、可愛い盛りのはずの子どもの成長を見守り、向き合えないことに母としての罪悪感も募った。少し先のことを考える余裕もなく、常になにかに追われている状態。膨れ上がったスケジュールとやるべきタスクを前に身動きがとれず、どんどん追い詰められていった。つらい、つらい、つらい……。

残業で遅くなった、ある日の夜。閉園時間だった午後7時30分を過ぎて保育園に駆け込むと、ぽつんと明かりがついた職員室で保育士と一緒に母親の迎えを待つ息子たちの姿が目に飛び込んできた。

「このままじゃいけない」

これは我が家にとっての「新規事業」

張り詰めていた糸がぷつんと切れた。もっと自分に合った生き方があるのでは……。8年間勤めた会社を2018年に辞めた。思い切った決断だった。その後、ハローワークの職業訓練などで得た知識で、複数のブログで子どもの習い事に関する記事などを書き、広告収入を得る仕事をはじめた。日本を離れてもできる仕事だ。

時間に余裕ができ、子どもの面倒を見つつも、自分の心と向き合えるようになった。学生時代に夢見た海外生活への思いがよみがえった。マレーシア移住は、自分なりのチャレンジだ。移住する国を選ぶのにそう時間はかからなかった。親子留学で人気のマレーシアは日本との距離が比較的近く、時差が1時間。アジア人差別の心配がないことや、インターの選択肢が多く、物価も比較的安いことも魅力的だった。

「多民族国家はどういう国なのか肌で感じてみたいなという感じです。渡航の1年ぐらい前から計画をはじめ、そのときに息子たちにも伝えました。海外での暮らしがどんなものなのか息子たちは理解していなかったので、旅行に行くような感覚で、当初は喜んでいました」

夫に伝えると、最初は驚いた様子だった。だが、ようこさんが本気だと知ると「オンラインで毎日電話もできるし、なんとかなるよ」と前向きに応援してくれるようになった。

準備期間を経て、2年間生活できるだけの資金を用意しマレーシアへ渡った。週末は、同じように母子移住した韓国人らとお互いの家で食事をしたり、コンドミニアム併設のプールで子どもを遊ばせたり。異文化に触れる日々に心が満たされているという。

「週末はほぼ1日子どもたちをプールで遊ばせて、親たちはプールサイドでビールを飲んだり、お菓子をつまんだりして、めちゃくちゃおしゃべりをしています」

息子たちは英国式カリキュラムのインターに通っている。一緒に連れてきたのは、「グローバル人材」に育てたいからじゃない。多様な価値観や生き方に触れ、「生きる力」を養ってほしいと考えたからだ。親の役割は、親自身が自分のやりたいことに挑戦し、幸せな姿を子どもにみせること。「自分がやりたいことを成し遂げる力さえあればきっと幸せになれる」と信じている。

SNSを通じて現地の生活を発信していると、「子どもが日本の環境になじめなくなる」「英語も日本語も中途半端になる」などと、批判的な投稿もくる。しかし、ようこさんはそうした第三者の否定的な意見は受け流している。

「息子を一番理解しているのは親のわたしたち。子どもに幸せのあり方を教える親が、幸せじゃなきゃだめだと思う。これは我が家にとっての新規事業。新たなイノベーションを起こす『知の探索』を、わたしたちは海外に出てやっているところなんです」

凝り固まった考えがほどけていく瞬間

移住をするまでは「周囲はみんな富裕層ばかりなのでは」と心配もした。ただ、来てみてそうではないことがわかった。保護者ビザから就労ビザへの切り替えを考える人など、みんな長く滞在する工夫をしている。海外移住はセレブだけのものではなくなっていると肌で感じる。

疲弊していた「ワーママ」時代を思うと、勇気を出して環境を変えて良かったと思う。渡航前は英語の教育環境に不安そうだった長男は、「まだ日本に帰りたくない」と学校の自由な雰囲気を気に入っている様子だ。次男もクラスに溶け込んでいる。

子どもには失敗を恐れず、どんどん挑戦してほしい。だからこそ、言葉や習慣の壁にぶつかる自分の姿を積極的に見せるようにしている。

「この前、学校の先生との面談があったんですけど、母子移住してきた外国人のママたちは先生に聞きたいことを英語でまとめたメモ帳を握りしめていて。『みんなでがんばろう』って励まし合ったんです。子どもは学校で毎日英語に触れて苦手意識も低くなってきますが、母親は普段は家で過ごしているので、そういう機会があると英語を勉強しなくちゃって思いになるんです」

ようこさんはマレーシアに来てから、自分の勝手な思い込みや、凝り固まった考えがパーッとほどけていく瞬間があるという。

2年の滞在の後、日本に帰るかどうかはまだ決めていない。

コラム 過去最低を更新したジェンダーギャップ

2023年、世界の政治や経済などの「男女平等」度合いを指数化したジェンダー指数で、日本は過去最低を更新し146カ国のうち125位となった。世界経済フォーラム（WEF）が2006年から発表している「ジェンダーギャップ報告書」2023年版では、教育・健康・政治・経済の4分野を分析。男女が100％平等な状態に対し、1位のアイスランドの達成率は91・2％。日本の達成率は64・7％で、遅れが際立つ。教育や健康ではほぼ平等を達成しつつある一方、政治と経済の分野でのギャップが長期化している。2023年9月に改造された岸田文雄内閣では、最多タイ5人の女性閣僚を起用した一方、副大臣・政務官ははじめての「女性ゼロ」だった。

この数値に現れないギャップもある。たとえば2018年に東京医科大学の入試で、受験生のうち女子学生を差別していたことが発覚し、ほかの複数の大学の医学部でも類似の差別があったことが明らかになった。就活や、職場でのセクシャルハラスメントもある。結婚や家庭運営を考えても、日本の女性には困難がある。たとえば家事や育児を「自分事」として受けとめる人の割合だ。国立社会保障・人口問題研究所の2018年の全国家庭動向調査によると「食事の献立を考える」は9割超の家庭で妻が担う。「食材や日用品の在庫の把握」は88％、「ごみを分類しまとめる」は76％だった。日本の男性が家事などに費やす時間は「先進国中最低の水準」にとどまる。内閣府男女共同参画局のまとめによると、6歳未満の子どもを持つ夫婦の1日の家事・育児関連時間は、妻の7時間34分に対し夫1時間23分。3時間前後の欧米諸国の夫のほぼ半分以下だ。

睡眠時間も女性のほうが少なくなりがちだ。2020年のNHK放送文化研究所の「国民生活時間調査」によれば40代では、平日の睡眠時間は男性が6時間58分、女性が6時間53分。休日はさらに男女差が大きく、男性が8時間23分で、女性が7時間46分だった。家庭や教育分野では依然として、日本の社会は特に母親の無償労働や愛情を当然の前提とした運営がみられる。

国外でこそ見出される日本人の強み

日常生活の当たり前を仕事に

水谷けい子さん（35歳）

「洋服の畳み方ひとつで、タンスを開けたときに一見してどこにどの服があるかがわかるようになります。整理をすることで物を探す無駄な時間もなくなり、限りある人生の時間を有効に使えます」

片づけの「ビフォー」「アフター」の2枚の写真をパソコン越しに示しながら、クライアントにその効果を説明する。水谷けい子さんがカナダで暮らすうえで、武器にするのは「整理整頓」のスキルだ。部屋の見栄えが良くなったり、スペースを有効に使えたりするように、その収納方法を伝授する。

「多くの日本人にとってオーガナイズ（整理整頓）は子どもの頃から教えられてきたことですが、カナダの人たちにはそうした習慣がなく、苦手な人が多いんです」

関西地方出身。大学卒業後は、営業の仕事に就いた。持ち前のトーク力を武器に、1年目から営業成績は上々だった。だが、突きつけられたのは、縦社会の厳しさだ。

「能力よりも、経歴や年齢を重視する。上司に聞く耳を持ってもらえないことにも、疑問を感じました。会社のミーティングで『意見を言ってください』と言われて、本当に意見を言うと、『あの子、たてついてくる』と言われてしまう。求められていることに答えただけなのに……」

他社に営業としての優秀さを買われてスカウトされ、社会人2年目で早くも転職。だが、誘われて行ったにもかかわらず、新天地でも「上司の命令は絶対」という風土は変わらなかった。数年間は我慢して指示に従うようにしていたが、後輩ができるようになると、考え方が変わりはじめた。上司の理不尽な指示を後輩にも伝えないといけない状況にこらえきれなくなった。覚悟を決めて、上司に意見をすると、こう返された。

「わたしがカラスを『白』と言えば、あなたも『白い』と言わないといけない。それができないなら、あなたが会社にいる意味はない」

このことがきっかけで、退職を決めた。2015年、27歳でカナダにワーキング・ホリデー（以下、ワーホリ）に行くことを決めた。当時の給料は決して悪くなく、日本でのキャリアを捨てることに怖さもあった。それでも、日本社会と距離を置きたいという気持ちが自分を後押しした。

非ネイティブでも勝負できる道を模索

ワーホリ中にカナダの語学学校に通ううちに、努力次第で簡単に永住権を取れることを知った。

永住権の審査を突破するには、英語力のほかカナダでの職歴や年齢など様々な要素が勘案される。求められる英語力は人によって異なるが、「IELTS（アイエルツ）」で、リスニング、スピーキング、リーディング、ライティングで各7・0程度（最高は9・0）を目指す必要があるともいわれる。

「もしかしたら自分も永住権を取得できるのでは」

そう感じ、現地のカレッジに通うため、英語を猛勉強。観光にも行かず、日本人との交流もあえて避けた。

1年後、カレッジに入学。元々はビジネスを専攻することを考えていたが、語学学校の教師からこう助言を受けた。

「ビジネスは話術がすべて。そのなかで、英語が第2言語のあなたがネイティブと競うのは不利。ビジネスで成功するのは夢のまた夢だ」

そこで目指したのが、インテリアデザインだった。顧客のライフスタイルに合わせて、家の間取りから考えたり、家具を選んだりする仕事だ。自分で選ぶ日本とは異なり、カナダでは専門家に頼る人も少なくないという。イメージ図などを使いながらプレゼンする仕事のため、ネイティブに比べて英語力がたどたどしくてもデザインが良ければ十分に勝負できると考えた。

カレッジに2年通って卒業した後、インテリアデザイナーとして、現地の会社に就職した。日本での職場環境とは全く異なり、デニム姿で働くことも許されたり、夏場は勤務時間中でも職場でバーベキューが開かれたりするなど、ノルマさえクリアをしていれば自由だった。

なによりの違いは、1年目から自分の意見を尊重されたことだ。同僚たちはけい子さんの言葉に耳を傾け、「外国人だからこそ、見えることがあるよね」と受け入れてくれた。たとえば、ガラスをふんだんに使った内装に安全上の懸念を伝えると、同僚たちは「地震の多い国ならではの発想だね」とおもしろがってくれた。自分にとって当たり前のことが、この国の人にとっては当たり前ではない。だからこそ、わたしの意見が新鮮でおもしろいと感じてくれて、すごく評価をしてもらえる。年齢や職歴にかかわらずはじめて自分の意見を認めてもらえた瞬間だった。

「日本では意見を聞かれてもまわりの空気を読んで微妙だと思ったら、『わかりません』とか謙虚ぶりますよね。この国では『わかりません』とか言ったら、『ちゃんと考えているの？』とか『話聞いてた？』って思われかねないんです。的外れでも発言することが大切。それに対しても、みんなが、あの人の立場だからこそ見えることがあると真剣に耳を傾けてくれる」

年1回は直属の上司に給与交渉する人が多く、自分で賃上げを要求することは当たり前だ。水谷さんは転職情報サイトで、同業他社の給与水準を下調べする。交渉では、自身のパフォーマンスをアピールしつつ、他社の具体的な給与水準も示して昇給を求める。

「自分から立ち上がって訴えなければ何も変わらない。『他力本願』ではなく『自力本願』です。そのためには実績を残さないといけません」

同僚には納得がいくまで何度も繰り返し交渉したり、社長に直談判したりする人もいた。

移住がビジネスチャンスにも

インテリアデザイナーとしてもその仕事ぶりが評価され、会社を通さず個人でも仕事が舞い込むようになった。そうすると顧客と直接やり取りをする機会も増え、顧客の家を訪問することでカナダで暮らす人々の生活スタイルがよくわかるようになった。棚には本が乱雑に置かれていたり、服が畳まず山積みになっていたり。自身は当たり前のようにしてきた整理整頓がカナダ人にとっては、苦手なことに気づいた。2~3分ほどで棚をきれいにして見せると、驚くほど喜ばれた。「こんなことが仕事になるのか」と半信半疑だったが、整理整頓のノウハウに加え、インテリアデザイナーとしての知見も組み合わせた独自のサービスを提供することで他社との差別化を図ると、その評判は口コミで広がった。

追い風もあった。「日本人はきれい好き」というイメージが浸透していたことだ。片づけコンサルタントの近藤麻理恵さんのドキュメンタリーがネットフリックスで配信されており、現地でも知られていた。2022年のサッカーのワールドカップで日本人の観戦客が試合後にスタンドの掃除をしたことも話題を呼んでいた。

移住したからこそ、日本の「良さ」も異国で伝えられる。

その一つが、妊娠中であることを周囲に示す「マタニティマーク」だ。2022年に第1子を出産した。妊娠中、電車やバスで席をなかなか替わってもらえなかったという経験があった。日本ではマタニティマークが配布されるが、カナダには妊婦であることを示すアイテムがないことで妊婦に気づきにくいと考え、ロゴを自ら作成。まずは身のまわりで配りはじめた。いずれは有料で販売し、収益を妊婦や女性のために役立てることを目指している。

カナダに来たことで、「自分の人生が成功しているし、ストレスもない」と胸を張る。後悔していることは、海外に来るのが遅すぎたことだ。

「もっと早く来ていれば、英語ももっと楽に習得できたと思う。ほかの可能性にも気づけていたかもしれない」

アジア系専門美容師の強み

杉田裕紀さん（42歳）

日本人の「腕」が評価されている職業もある。美容師だ。

ユニクロや無印良品などが集まり、トロントの「リトル・トーキョー」とも呼ばれる繁華街エリアにあるヘアサロン、「N15（エヌフィフティーン）」。ガラス張りの店舗のなかで、日本人の美容師が英語で利用客に希望のヘアスタイルを聞き取りながら、丁寧にはさみを入れていく。

利用客は、中国系や韓国系が中心だ。欧米人に多い金色や褐色の髪質は細くて柔らかいのに対し、東アジア系は黒髪の太い直毛が多いとされる。日本人の美容師が好まれるのは、こうした髪質の扱いに慣れているためだ。この店を立ち上げた杉田裕紀さんは説明する。

「欧米系のお客様の髪質は洗いざらしでも様になるため、スタイリングをしない方も多い。一方で、アジア系はカットで（見栄えを）補うために、技術が鍛えられてきた面もある」

「職人気質《かたぎ》」の仕事ぶりも人気の理由だ。日本人の技術を求めて客が来るといい、この店のほかにも、日系の美容室は増えつつある。

杉田さんは、東京・青山のヘアサロンで働いた後、2008年にカナダへと渡った。日本で磨いた技術を海外で活かしてみたいという思いからだった。西部の都市バンクーバーや、東部のトロントの美容室で働いた後、さらなるステップアップを目指して16年に独立。自身の客だった中国系女性に経営パートナーになってもらい、トロントで1号店を出した。今ではヘアサロン3店とまつげエクステンションの店、計4店を展開する。

所属するスタッフ約40人のうち、8割が日本人だ。年齢層は20代後半が中心。日本の美容学校で学んだり、ヘアサロンなどで経験を積んだりして、基本を身につけた若手たちだ。カナダで暮らす日本人のコミュニティサイト「e-Maple（イーメイプル）」の求人などを見て応募してくる。

日本では美容師は憧れの職業とされる一方、苦労も多い。

外から見たイメージでは「華やか」「おしゃれでかっこいい」と思われがちな世界だが、下積み時代は苦労が多い。育成体制が充実している美容室が多いものの、オープンの1時間前に来て掃除をして、閉店後も午後11～12時頃まで練習するなど拘束時間が長い。

「自分も休みの日も街中で声をかけて、ヘアカタログのモデルになってくれる人を探しに行きました。1週間あたりのモデルのノルマもあり、達成していないといけなくてそれがつらかった。実際、有名店に行っても、脱落しちゃう子もいますよね。しかも、大変な仕事の割にお金が稼げない」

厚生労働省の賃金構造基本統計調査（2022年）によると、理容・美容師の月給は平均26万7500円で、全体の平均（30万7700円）を下回る。

N15では、日本での経験も含めて3年以上の経験者であれば歩合制となる。1年目のスタッフでも月に約2800カナダドル（約31万円）、5年以上勤務しているスタッフだと約5000カナダドル（約55万円）以上稼げるという。加えて、チップ報酬は施術料金の10～20％で、全額が美容師の収入となり、月1500～2500カナダドル（約17万～28万円）程度に及ぶという。杉田さんは「物価も高いが、日本の美容師よりは稼げるし、自分の時間も確保できると思う」と語る。練習も勤務時間内にすませ、残業なども基本的にさせないようにしている。

日本の美容師には国内だけでなく、海外に羽ばたくことを選択肢に入れてほしいと願う。今後は美容学校にも出向き、異国で働く魅力をアピールしていくつもりだ。

「カナダや海外に出れば、上から押しつけられることなく色々な技術を身につけられたり、経験を積めたりします」

スキル習得の支援組織も

誰しもがこうした需要のあるスキルをはじめから持っているわけではない。現地の支援組織の手を借りながらスキルを身につけ働きはじめた日本人もいる。

トロントで暮らす石田蓉子さん（37歳）は2023年2月、非営利団体「TNO（The

Neighbourhood Organization)」の説明会にオンラインで参加した。TNOはトロントにある、移民を支援するための地域組織だ。求職者向けに、就職準備やワークショップ、キャリアコーチング、就職のあっせんまでを担う。トロントのあるオンタリオ州の住民であれば無料で利用できる。

石田さんは2015年、29歳でカナダにきた。今は夫と6歳の娘と3人で暮らす。スターバックスなどで働いてきたが、立ち仕事は体力的な負担が大きいため、事務職への転職を目指していた。

日本では営業事務の経験もあったが、カナダでの経験や人脈がないことが就職活動ではネックとなっていた。日本人のコミュニティサイトでTNOの案内があったことをきっかけに説明会に参加し、サービスを受けることになった。ワークショップでは、事務職の心構えから、電話対応などの実践的な訓練もあった。ボランティアとしてTNOで実際に働かせてもらう経験も積んだ。こうしたボランティアの経験も就職にプラスにはなるが、そもそもボランティアの受け入れ先を探すのも難しいという。

スキルアップだけでなく、就職先探しもサポートを受けた。

「就職活動の際には、企業に対して身元を保証する『保証人』を用意する必要がありますが、移住した自分にはそういうコネクションもない。職員の人が保証人にもなってくれてとても助かりました」

2023年の秋には、TNOで紹介を受けた助産師のクリニックで事務仕事についた。受付や予約の対応、カルテの管理などをしながら働いている。

TNOでは、英語に不慣れな外国人向けにも、語学を学ぶ機会などを提供している。TNOのスタッフとして働くノーテブンめぐみさんは、「ここはカナダ社会に慣れていくための『練習場』のようなところ」と説明する。日本人にはこうした支援組織があることが知られていないといい、日本人向けの説明会を開くなど、広報に力を入れはじめている。

コラム 総労働時間、日本人女性が最長

日本は共働き世帯が年々増加傾向にある。内閣府がまとめた2023年版の男女共同参画白書によると、22年の雇用者の共働き世帯は1191万世帯で、専業主婦世帯の3倍近くになっている。結婚・出産後も仕事を続ける女性は増えており、女性の労働力率を年齢別にみたときに、子育て期に低下する「M字カーブ」は緩和しつつある。

働きながら家事や育児などを担う女性も多く、経済協力開発機構（OECD）が2020年にまとめた調査では、仕事などの「有償労働」と日常の家事などの「無償労働」を合わせた総労働時間（1日あたり）は、男女別にみて日本女性が最も長い496分だった。日本の特徴は男性の有償労働時間が極端に長く、無償労働が女性に偏っていることだ。総務省の21年の社会生活基本調査でも、6歳未満の子どもを持つ共働き夫婦の場合、夫が家事や育児などに使う時間は1日あたり1時間55分だが、妻は6時間33分と大きな差がある。こうした状況で、女性の正規雇用比率は25〜29歳をピー

クに減少。出産後に正社員から非正社員に転換する女性も多く、キャリア形成を阻む要因になっている。

ほかの先進国に比べて男女間に大きな賃金格差があるのも特徴で、日本の女性の賃金は男性の約8割にとどまり、同じ雇用形態でも給与差がある。内閣府が2022〜23年に実施した世論調査では、「育児や介護、家事などに女性の方がより多くの時間を費やしていることが、職業生活における女性の活躍が進まない要因の一つだという意見がありますが、どう思いますか」という質問に対し、女性はすべての年齢階級で「そう思う」「どちらかといえばそう思う」の合計が8割を超えた。

子育て世帯の負担を軽減するには、夫である男性の育児参加が欠かせない。男性向けの新しい育児休業制度「産後パパ育休（出生時育児休業）」が2022年にはじまり、生後8週間までに最長4週間の育児休業を最大2回に分けて取れるようになった。しかし、男性本人や職場の上司らの意識が変わらず取得しなかったり、代替要員の確保が難しく取得を諦めたりするなど、新制度の普及にはまだ時間がかかりそうだ。

インタビュー　増える海外移住「人口減」を加速

福井県立大学　佐々井司教授

海外に生活の拠点を移す日本人が増えている。外務省の海外在留邦人数調査統計では、2023年10月現在の推計で日本人の永住者は約57万5千人と過去最高を記録。増加の背景や日本の人口減少に与える影響について、人口問題に詳しい福井県立大学の佐々井司教授に話を聞いた。

――日本人の海外永住者が増え続けています。

このところ非常に強くなった、日本の閉塞感が背景にあるのでしょう。これまでは海外に永住する人は留学やビジネスによる長期滞在を経て住み着くケースが多かった。ただ、最近は最初から永住を視野に入れて海外に出られる方が増えている印象もあります。

賃金や労働環境、社会の多様性などの面で、日本より欧米先進諸国に相対的な魅力を感じる人が多くなっているのではないでしょうか。閉塞感が解消しない限り、永住者の増加傾向は続く可能性があります。

日本の人口が減るなか、海外に永住する日本人が増えているという事態の背景には多くの不安材料が暗示されます。海外への転出者が増えている社会背景をもう少し踏み込んで調査する必要があると思います。

——永住者が増えている理由について記者が外務省に取材すると、「永住権を持っている方が子どもを産んだからでは」という説明でした。本当にそうなのでしょうか。

日本国籍を持った状態のまま海外で出産した場合、生まれた子どもの人数は日本の人口動態統計に反映されることになっています。外務省の方の説明が事実ならば、海外における日本人の出生数は増えているはずですが、それほどはっきりとした傾向はみてとれません。近年の永住者の増加は海外で在留資格の変更を申請する日本人が増えていると考えるのが妥当でしょう。

生きづらさ感じ、海外に活路

――永住者と3カ月以上の長期滞在者の合計は、コロナ禍前の2019年に過去最多の約141万人となっていました。いつ頃から、移住者は増えはじめたのですか。

2000年頃からではないでしょうか。日本経済の低迷や日系企業の海外進出が進むなか、日本国内における求人は抑制され、若い人たちも正規での就職が難しくなった時代です。

日本社会で生きづらさを感じる人が海外に活路を見出し、女性でよりその傾向が強まった可能性があります。わたし自身、2000年頃にオーストラリアにいましたが、「日本では自分が認められていると感じない」と話す日本人女性にも会いました。日本は制度上は男女平等に近づいているようにみえますが、女性にとっての生きづらさや不満はまだまだ解消されていないのでしょう。賃金や社会的地位を含め日本のジェンダー格差は長きにわたり解消されず、夫婦別姓にいたっては選択する権利さえいまだに認められていない状況ですから、当然かもしれません。

――地域別には、どんな傾向がありますか。

永住者は北米、西欧、オセアニアに多い。最後に詳細なデータが公開されたのは201

7年分ですが、この3地域は長期滞在者も永住者も女性のほうが多く、北米では30～40代の女性が目立っていました。

一方、アジアは圧倒的に長期滞在者、かつ男性が多い。年齢別にみて、駐在を目的とした働き盛りの中高年が多いのも特徴です。

――コロナ禍で傾向に変化はありましたか。

永住者はほぼ変わらずに増加する一方、日系企業の駐在などが多い長期滞在者は中国を中心とするアジアで激減しています。コロナ禍以降、中国とのビジネス交流がほとんどなくなったことも影響していると思われます。東南アジアも徐々に戻りはじめているようですが、コロナ禍前の水準に戻るかどうかは不透明です。

――コロナ禍が落ち着き、今後どうなるとみていますか。

今後、アジアでの長期滞在者が増えるかどうかは、日本のビジネスの復調次第でしょう。一方、北米や西欧への移住者の増減は、これから日本との経済格差がどの程度縮小していくか、日本の将来不安がどれだけ解消されるかがカギだと思います。現状は日本より海外先進諸国の魅力のほうが相対的に勝っており、それらの国に移り住みたいと考える人が増えていくのではないかとみています。

日本にいると「自分には活躍できる場所がない」と感じる場面が多くても、教育水準が高く、様々な体験ができる恵まれた環境で育った日本の若者は、世界的にみれば十分な実力を持ち合わせています。閉塞状態の日本から外に飛び出したときに、日本社会の特殊性に気づく。海外生活の情報をＳＮＳで気軽に発信できる時代ですので、情報を受け取った日本の若者も「ここでなら自分の可能性をもっと活かせるかも」と考えることもあろうかと思います。

ただ、海外での生活を望んだとしても、十分な経済力がないために実現できない人が増える可能性もあります。海外留学の面でも、経済的な支援が得にくいなど、長期滞在ができる学生の数は限定されるかもしれません。今後、実際に移住者がどのくらい増えるかは、経済的な条件を含め様々な要素に左右されることでしょう。

人口減は「ダブルで加速」

――海外移住者の増加は、日本にどんな影響を与えますか。

人口移動の中心は若い年齢層です。移住者が増えるにつれ、ますます日本の少子高齢化が進み、社会の様々なところに影響が出るのは間違いありません。日本の人口減は、少子化と出国増のダブルで加速することになります。

公式の統計があるわけではありませんが、研究で関わる人たちの話を聞いていると、肌感覚として最近海外に出る方には高所得者が多いように思われます。機動力のある人たちが時代を先読みして海外に出て行っているという印象です。このような人材流出は、経済的にも日本に大きな影響があると考えます。日本の人口全体からみると少ないようにみえますが、海外に移り住む方のポテンシャルまで鑑みると、日本全体への影響は計り知れないものになるでしょう。

海外に永住する日本人の動向は、日本で暮らすわたしたちの生き方次第だと思います。一人ひとりが誇りを持って、充足した生活を送ることのできる社会環境に変えていかない限り、日本の人口は今後も少子高齢化を伴って減り続けることでしょう。

——日本の人口減を抑えるため、海外から移民を積極的に受け入れる必要があるとの意見があります。

日本人人口の減少の穴埋めをするという意味ではそうかもしれません。入国者数と出国者数の差である社会増減の推移を見ると、外国人は入国超過が続いていましたが、コロナ禍で大きく入国者数が減りました。さかのぼると2008年のリーマン・ショックや2011年の東日本大震災でも減りましたが、20年以降のコロナ禍ではそれ以上に大きな影響が出ました。

このところ在留外国人を含む日本の総人口が急速に減っているのは、自然増減（出生数と死亡数の差）のマイナスが毎年数十万規模で起こっているからです。コロナ禍が収束するなか在留外国人も再び増加していますが、今後も同様の規模で増え続けるかどうかは極めて不透明です。

東アジアを含めて他国の賃金が上がって生活水準が向上するなかで、日本との経済格差は急速に縮まっています。それを考えるだけでも、観光以外で日本に来る外国人の数は減り、人材の質も変わるでしょう。わたしも企業の方からは「海外人材の採用が難しくなっている」という話を聞くことが多くなりました。

日本人が生きづらさを感じている社会に、外国人の方々が期待や憧れを持って来てくれるとは思えません。コロナ禍前に描いていた「外国人に来てもらえばなんとかなる」というあまりにも楽観的で、おごりのあるシナリオは、もう成り立たないと思います。

ささい・つかさ／神戸大学大学院工学研究科修士課程修了（工学修士）。専門は人口学・社会保障・統計分析。国立社会保障・人口問題研究所情報調査分析部の元室長。

コラム 職場でうつ病「何もしない」が40％

うつ病の患者は職場で孤立するだけでなく、医療機関にかかるにも抵抗を感じる傾向がある。その結果、適切な治療を受ける機会を逃したり、無理に職場復帰をしたりして、本人にとっても職場にとっても不幸な結果を招きがちな環境にある。そんななかでも特に、日本の職場は、心の不調への理解が遅れている。

デンマークの精神・神経疾患治療薬メーカー、ルンドベック社は2015年、世界の約1万6千人を対象にした「職場でのうつ病に関する国際意識調査」の結果を発表した。

調査では、職場でうつ病になった人がいると知った時に同僚に「何をしたか」を聞いた。「自分に何か役に立てることはないか」と尋ねた人は日本は16％で、調査した16カ国で最下位。15位の韓国（29％）を大きく下回った。一方、「何もしない」と答えた人は日本では40％と16カ国中1位。次に高い米国、カナダ（各20％）の倍だった。

同社の日本法人である「ルンドベック・ジャパン」は2020年にも武田薬品工業と協力し、全国の心療内科などで初めてうつ病と診断された労働者464人を対象にしたアンケートをまとめた。

調査結果によると、初めての受診に抵抗感があった人は53%と半数を超えた。その理由（複数回答）は「仕事を続けられないかもしれない」が59%、「診断されたことで仕事から外されるかもしれない」が36%などと、仕事の継続への不安が並んだ。診断結果を「上司」に伝えた人は72%で、23%は伝えていなかった。「同僚」には「伝えた」が43%、「伝えない」が47%と比率が逆転。社内で打ち明けにくい環境にあることがうかがえる。

一方、「上司に伝えてよかったと思う理由」では「仕事面で配慮してもらえた」（45%）、「気持ちが楽になった」（37%）と、安心感につながる傾向がみられたという。

この調査を監修した日本うつ病学会理事長で慶応大学医学部精神・神経科学教室の三村将教授は次のように指摘する。

「うつ病と診断されることが就労の継続への不安につながり、その不安のために就労に支障がでる症状があることは、広く理解されているとは言い難い。就労意欲のあるうつ病患者が、仕事の成果を出しながら働き続けることができるよう、患者を支援する制度を構築することが必要なだけではなく、患者を取り巻く上司や周囲の同僚が、疾患への正しい理解に基づいてサポートすることが重要です」

第2章

「短期で稼ぐのと移住は別」

――海外就労の光と影

警察官と自衛官から、保育士と寿司職人へ

いけこさん（26歳）・かずあきさん（31歳）

東京都心も木々が色づきはじめた2022年11月下旬、2人は成田空港にいた。大きな荷物を四つ持っていること、2歳になる愛犬を連れていることから、ふつうの旅行者ではなさそうだ。彼らは最近の日本人の移住を象徴するような夫婦だ。スポーツ選手やアーティストがその職業経験を活かして活躍の場を広げるために海外に出るというのではなく、日本での経歴と関係なく、移住に有利な職種に転身するというタイプだ。いけこさんは元警察官、かずあきさんは元自衛官。カナダに移住するという目的を定め、それぞれ保育士と寿司職人に転身して日本で経験を積み、この日を迎えた。

「人の役に立ちたい」と警察官に

妻のいけこさんは、もともと関西出身。地元の友好姉妹都市に制定されていたカナダの

ある町への訪問団に参加する機会があった。ホームステイをした広い家には庭があり、そこには大きなバスタブがあった。温かいお湯につかって見た、満天の星の美しさに息をのんだ。

高校3年生になり、一般大学への進学を考えはじめていた。そんななかリーマン・ショックの余波で父親の会社が倒産し、家族は巨額の借金を抱える。いけこさんは大学進学を諦め、「人の役に立ちたい」という想いから高卒で警察官になることを決めた。

明るく前向きで、ボランティア精神にあふれた彼女は、どこでも親しまれた。

「刑事事件を捜査するというより、困っている人を一番に助けに行く人になりたいと思っていました。小学生の見守り活動をやったり、パトロールして万引き現場にかけつけたりして。交番勤務、楽しかったです」

しかし次第に葛藤が出てきた。「上の命令だから黙ってやれ」と言われることや、組織防衛のための細かいルールが多い職場が性に合わず、3年で辞めた。

その後、自衛官のかずあきさんと結婚し、東京で会社員になった。

2人とも犬が好きで、ゴールデンレトリバーの子犬を見たときに、「犬を飼いたいね」

という話になった。そのためにはまず、住んでいた自衛隊の官舎を出て自分たちの家を買わなければならない。都内で物件を探しはじめたが、2人で働いても手が届きそうな家はどれも小さい……。がっかりしていたとき、ふいにいけこさんの頭に、8年前にカナダの広い庭で入ったバスタブの記憶がよみがえってきた。「カナダのあんな大きな家に住みたいな」という漠然とした気持ちから、将来的に住むとしたら日本とカナダどちらがいいのか考えをめぐらせるようになった。それまで一度も考えたこともなかった「日本の将来」について、自分の問題として真剣に考えはじめた。

「高卒で、若くて、自分は難しいことはなにもわからないとどこかで思っていたけど、なんとなく日本の未来に疑問を持って。わたしの世代は青年期に、『日本はだんだん良くなっている』という実感を持てないまま大人になりました。このままだと、自分たちの将来はどうなってしまうんだろうか？　将来の年金も不安だし、政治がうまくいっている感じも全然しない。日本、大丈夫かなと。そこにカナダ移住という選択肢が出てきたんです」

いけこさんが22歳のときだった。

そんなところに、新型コロナウイルス感染症がはやりはじめたのが2020年1月末。

いけこさんの勤め先も、3月には先の見えない休業を余儀なくされた。高校1年生のときから、フェイスブックやツイッター（現X）などのSNSに親しんできた世代。少し検索すれば、世界の情報がリアルタイムで目に入ってくる。コロナ禍でも世界中の国が次々に支援策を打ち出し、たとえばカナダでは1人当たり毎月15万円が4カ月間振り込まれるということを知った。それを見たいけこさんは、「日本にはない、政府のスピーディーな動きだな」と違いを実感した。

「日本では10万円が1回と、変なマスクが配られただけだった。なにか大きな力によってこれが良しとされてしまう日本の政治の在り方に疑問を感じたし、そこでやっぱりカナダいいな、国としてやる気あるなと思って、日本よりもカナダに魅力を感じてしまった。自分もなにも動かないよりはマシだなと思ったのが、海外に行く決断の決め手でした」

妻からの提案、最初は断った

夫のかずあきさんは、東京出身。大学の文学部の1年生だったとき、東日本大震災が起き、その年の夏休みに被災地でがれき撤去や生活復旧のためのボランティアに行った。そしてそれをきっかけに災害救助をこころざし、大学を中退して陸上自衛隊に入隊した。

8年勤務し、階級は3等陸曹になっていた。

「親戚に海上自衛隊員だったおじもいて、自衛隊には親しみもあったし、自分は特に災害救助をメインにやりたかったので陸上自衛隊に入りました。きついことはいっぱいあったけど、自分がやりたかった仕事だったので楽しかったです。収入面でも、このまま生活していける見通しは持てていました」

かずあきさん自身は海外志向はなく、移住という選択肢も全く頭になかったという。

「妻と出会って結婚して、将来は海外に行きたいとかいうのを聞いてはじめて興味を持った程度。それも、妻が最初に言い出したときは断ったくらいです。『うーん、自分は自衛隊でがんばりたいから、それはちょっとないねー』という感じで」

けれど、結婚生活を続けるうちに考えは変わってきた。

少なくともいつ帰るのか見通しのつく訓練ならまだしも、災害派遣となるとときには月単位で任務にあたることになり、いつ自宅に帰れるかわからない日々が続く。将来子どもを持つことを考えると、定年までの数十年というのは「家族に負担をかけすぎだよな」と思うようになった。

「自分のやりがいや仕事のことだけ考えたら、辞めなくても良かったんですけどね。移住を決めてからは、迷いはあまりなかったです。彼女が本気で『カナダに行きたい』と移住を考えている気持ちはわかっていたし」

天職と思った保育士

2人で動き出した。

コロナ禍による会社の休業が決まった2020年3月、いけこさんはSNSで情報収集をしながら、移住エージェントに電話した。すると、「カナダで永住権なら、保育士が超おすすめです」と言われた。日本で2年半保育園に勤めた後、カナダで1年半カレッジ(専門学校)に通って現地で資格を取り、永住権を目指すという計画を立てた。

3月末に面接に行った近所の私立認可保育園では即採用が決まり、翌週の新年度からそのまま保育士免許のない保育補助として働きはじめた。補助とはいえ、保育士が人手不足なこともあり、1歳児の担任の1人になった。カナダに行くために選んだ仕事ではあったが、いけこさんはこの仕事を心からいとおしく思った。

「子どもたちのことが大好きでした。ずっと、人の役に立つことがしたいと思っていたので、仕事が忙しい保護者さんのためにもなる保育士は、『ああこれがわたしの天職かもしれない』って」

それでも、保育士の待遇の低さ、つけられる注文の多さを痛感させられた。時給1000円でフルタイムで働き、残業もある。手取りは月15万〜16万円。ボーナスも長期休暇もない。

「子どもたちのおもちゃは『手づくりのぬくもり』を重視するというのが園の方針でした。土日も持ち帰って、ずっと子どもたちのための人形をチクチク裁縫していました」

年賀状や教室の季節の飾り物なども手づくりだった。慢性的に人手が少ないうえに、子どもたちの手洗いや感染症対策の消毒など、やるべき作業はコロナ禍で一段と増えた。当たり前のようにサービス残業や持ち帰り仕事があるのに、給料は低いままだった。

政府や行政から、保育園にいろんな要望が降りてくる。それらをなんでも保育園の責任の下にしなければならなかった。「保育士は子どもたちの命を預かっている、一瞬でも子どもたちから目を離すな」と言われるが、そんな大事な仕事なのに、国からの手当（注：処遇改善等加算Ⅱ。職務分野別リーダーに昇格した保育士に支給される、処遇改善を目的とした手当）も月に5000円。

「保育士たちは時間と人手が足りないなかで一生懸命やっている。この国では、現場で働いている保育士が大事にされていないと思いました」

自衛隊員から寿司職人に

一方、もともと料理が得意だったかずあきさんは、「海外でオファーがたくさんあって、仕事に困らない。カナダでも求められている」と聞いて、寿司職人の道を選んだ。

海外に数多くの職人を送りだすことで有名だった寿司の専門学校もあったが、費用が高いと感じ、最初から寿司店で働こうと決めた。寿司職人もまた、人手不足だった。都内の大衆的な店ですぐに採用され、自衛隊を辞めて、1、2週間後にはもう寿司屋で働きはじめていた。

2年目には別の経験もしようと、コース料理で1人2万~3万円という高級店で働いた。「シャリ3年、にぎり10年」などと言われたのは今や昔で、人手が足りていない最近は、最初から様々な仕事を教えてもらえるのだという。「海外に出るなら寿司職人」と聞いていた通り、仕事をしているなかでもよく「ドバイで働かないか」という誘いがあると聞いた。

2店舗目で「この人についていって、一緒に仕事したいな」と思える人に出会った。ただ、早朝に家を出て終電で帰り、睡眠時間は毎日4、5時間という生活。休みは最初の店が週に1日、次のところが週2日で日によって追加の出勤が入るというシフト。最初は時給1500円で働き、数カ月して社員になった後でも手取りで月25万〜28万円。休日にもお得意さんとゴルフやマージャンに行くなど、プライベートを犠牲にするつきあいは負担に感じた。

「もちろん、つきあいからお客さんに発展するということもあるから、仕方ないところもある。それでも、このやり方で続けていくのは家庭持ちにとってはなかなかしんどいだろうなと感じました」

「よほどのことがなければ日本に帰らない」という覚悟

今、2人はバンクーバーの近郊で生活をはじめている。いけこさんは準備期間を経て、2024年1月から保育士のカレッジに通う予定だ。

かずあきさんの働く寿司レストランは週休2日で、開店時間は午前11時〜午後8時。チップ込みで35万円程度からスタートだ。実は、まだ英語はよく話せない。自衛隊を辞めて、仕事のかたわら自習をしたり、ウェブの英会話教室で勉強したりしたが、なんとなくしかわかっていない。ただ、寿司職人として語学はそれほど重要ではなく、将来的に店のマネジャーになるなどの場合には必要になってくるのだという。

「今はゆっくりしゃべってもらわないとわからないけど、自分からしゃべりかけることは怖くないです。気分的には、とりあえず今はしゃべれなくても大丈夫。これからしゃべれるようになればいいだけです」

日本で公務員として働いていたときには、稼いだり利益を追い求めたりすることは考えたことがなかった。だが、カナダでは短い労働時間でいい労働条件があふれている。どれだけ自分が将来的に稼げるようになるのか、今では自然と考えるのが楽しみになってきた。

「日本においてきたものとか、諦めたものですか？　全然ないです。年金とか医療については、こっちでの永住権を取れば色々手厚いと聞くので、特に不安はないですし。日本の年金も、『もういらんか』という感じで、持っていくつもりもなかったです。自分の両親は出発の1カ月前まで、『ほんとにカナダ行くの？』と聞いていましたが」

日本はもっと、自分と違う人たちへの理解が開けているといいなと感じている。妻が男性の多い職場で、女性の意見がなかなか聞き入れられずに苦労しているところも見てきた。そうした性差もなくなっていってほしいと願っている。

いけこさんには「カナダまで来たからには、よっぽどのことがないと帰らないよ」と話した。かずあきさんはそれほどの覚悟を持って自衛隊を辞めている。今は、自衛隊の元同僚たちに「カナダに行くために自衛隊を辞めます」と言ったことは完遂しましたよ、と胸を張って伝えたい。

夢は「働く人が幸せな保育園をつくる」

記者が、彼女たちが日本を離れる準備をしているというSNSの投稿を見つけて取材を申し込み、快諾をもらったのはカナダに出発する2日前だった。彼らの出発をタイムラインで追っていると、若い2人の挑戦には奮い立たされた。最初のオンライン取材は、彼らがカナダに到着した週で、SNSにはかずあきさんがつくった美味しそうなラーメンの写真がアップされていた。

いけこさんは、多忙を極めるなかでも、SNSで寄せられる質問に、献身的と形容したいほどこまめに真摯に答えていた。海外移住について発信しはじめたら、想像していた以上に海外に出たいと思っている人は多いことがわかったという。「不安でこのままだとどうしたらいいのかわからないからアドバイスください」というようなメッセージも多い。日本で生きづらさを感じている人たちに思いを寄せている。

「同調圧力が強くて本当に自分のしたいことができない、人目が気になって休みづらいとか。そんな社会に生きづらさを感じている人たちにも、ちょっとでも海外に挑戦することが選択肢としてひっかかってくれるなら、いくらでもDMを返したいと思っています。もしわたしの存在が少しでも希望になってくれたらうれしい。まずは『自分を守ってほしい』と伝えたいです」

彼女を突き動かしているのは、人手不足だった日本の保育園を離れてしまったという心残りがあるからだった。

「わたしだけが海外に出て来て、みんなを助けられなかったという葛藤があるんです。わたしが抜けたらしんどくなることはわかっているのに。だからせめてぎりぎりまで働こうと、カナダに出発する予定日の1週間前まで、保育園での仕事を入れていました」

大好きな同僚たちが、人手が足りないなかで今も働いている保育園を、自分は辞めてきてしまったのだと話すとき、いけこさんはパソコンの画面の向こうで泣いていた。

「日本は世界一安全だと思うし、ごはんは美味しいし、友だちも家族もみんな日本にいる。日本で明るい未来があると思えていたら、もしかしたら日本にずっと住んでいたかもしれない。でも、このままだったらわたしたちの未来は暗いものになると思った」

カナダ移住で得た刺激

それから1年あまり、いけこさんはすっかりカナダに溶け込んでいた。夏にはカナダ人の友だちと地元のお祭りに行き、はじめて移動式遊園地の乗り物を体験した。英語で一生懸命に「乗りたくない」と言ったが半ば強引に乗せられ、めちゃくちゃ怖かったけど新鮮で楽しかったと振り返る。

いけこさんにとって、カナダの友だちと遊んだり、現地の人と交流したりすることは楽しいものだったが、意外にも一番強く印象に残っているのはカナダで出会った日本人たちとの交流だという。

「カナダに来ても日本人同士の絆というのは捨てたものじゃありません」

カナダには2021年時点で約13万人の日系の人々が暮らす。カナダへ移住して今は飛行機のパイロットをしている人や、名門大学院に所属して研究をしながらカナダやアメリカで暮らしている人など、様々な経歴を持ちチャレンジをしている日本人と知り合い、刺激を受けた。

「日本で時給1000円のアルバイトをしているだけでは、そんな人たちとは出会えなかったと思います。それが『カナダへ移住した日本人』という共通点がきっかけで知り合えて、人生経験を共有してもらったことだけでも、移住は自分の人生のなかで本当に意義があることだったなと思えました」

移住の先輩たちには色々なスーパーの美味しいスナックから、今後のカナダの移民政策にどう適応していくかまで教えてもらった。日本人同士での情報交換や「なにかあったら日本人同士助け合おう！」というつながりがあるのは、遠く離れた異国の地では心強い。

いけこさんはカナダに来てから、現地に住んでいるからこそ手に入れられる情報を発信できるようになったことに、手ごたえを感じている。自分が感じたこと、今後カナダ移住を目指す人に役立つメッセージが、より正確に鮮明に発信できるようになった。「率直な意見が参考になった」「知らなかった情報を知ることができて助けになった」と言われることがなによりうれしく励みになる。

いけこさんの夢は、保育士さんが幸せに働けて、子どもや保護者にも優しい保育園をカナダに開くこと。そしていつかそんな保育園を日本にもつくりたい。保育園を通して、まわりの人を幸せにできたらいいなと考えている。

半地下で暮らす22歳が描く5年計画

久米 塁さん(22歳)

カナダ・トロント郊外の閑静な住宅街。煉瓦《れんが》造りの家々の前に、短く刈りそろえられた芝生の庭が広がる。碁盤の目のように区切られた通りに連なる街路樹の上では、木の実にかじりつくリスの姿もあった。

緑あふれるこの地域にあるシェアハウスの「半地下」の部屋で、久米塁さんは暮らす。部屋は6畳ほど。小窓からわずかに光が差し込むものの、それは午前中だけで昼間でも薄暗い。殺風景な部屋のなかには、備え付けの勉強机とマットレス、日本から持ち込んだスーツケースが二つあるだけだ。キッチンやシャワールーム、洗濯機などは共用だ。シェアハウスには韓国人やベトナム人ら同世代の男女8人ほどが暮らすが、交流はほとんどない。

「正直、気が滅入ることもありますよ、この部屋に。でも家賃がすごく高くなっています。少しでも抑えるため、ダウンタウン（繁華街）から離れたところにしました。安いところだと地下になっちゃいますね」

質素な部屋だが、家賃は月7万円ほど。駅からの近さを考えると割安だと考え、この家で暮らすことにした。

なぜ、このような部屋に住んでまで、カナダに暮らすのか。それは自分がなじめそうにない日本では働きたくないという一心からだ。

永住権突破を狙い、今はその「第1段階」

2023年4月、久米さんは第1セメスター（学期）の期末テストに向け、土曜日も勉強に費やしていた。罫線の入ったノートは、ぎっしりと英語のメモで埋まっている。重要な単語には、日本語訳を赤字で補足。わからない言葉があればネットで調べ、ときには生成AI「ChatGPT」にも頼る。勉強時間は平日で10時間、休日でも5～6時間に及ぶという。

2022年末から、カナダで社会に出て働くスキルを身につけるためのカレッジに通っている。専攻はマーケティングだ。1〜4月の第1セメスターは、ビジネス基礎や数学、エクセルやパワーポイントの使い方といった授業を、毎日2〜3コマほど受けた。クラスで日本人はただ1人。日本の高校では英語は得意なほうだったが、それでもカレッジでは文章を読むのは人一倍時間がかかった。渡航までの半年ほどは、日本でオンライン英会話で準備もしてきたが、いざカナダへ来てみると全く通用しなかった。

カナダのカレッジは、卒業までの2年間に四つのセメスターがあるのが一般的だ。期末テストが終われば、5〜9月まで夏休みに入るが、久米さんはこの期間も休み返上で「サマークラス」を受講するつもりだ。サマークラスを受講することで、その分を前倒しして卒業できるためだ。順調にいけば2024年4月に、卒業することになる。

「高校の同級生はもう大学4年になっていますからね。自分もあんまりゆっくりしていられません」。カナダでの永住権取得を目指して、足かけ5年がかりの計画を描いている。

今はそのための「第1段階」だ。カレッジで1年半ほど学び、専門知識を身につける。カレッジを卒業すれば就労ビザが発行されて3年間カナダで働けるため、この間に就労実績などを積み、永住権の審査を突破することを狙う。

高校の英語の授業で浴びた冷たい目

日本を出て海外へ飛び立つことを考えはじめたのは、高校2年生の頃だ。大阪府の公立高校に通っていたが、「みんなと同じ」を求められる日本社会に違和感を抱いていた。授業で教師から問われても、誰もが注目されるのを嫌がり、1人も手を挙げない。久米さんが積極的に発言をしようと挙手をすると、クラスメートから失笑が漏れた。洋楽が好きだったため英語の発音は得意だったが、英語の授業で流暢《りゅうちょう》に発音してみせると、冷めた視線を浴びた。「マジすぎない?」。そう言われているように感じた。

ほかのクラスメートと同じように、日本の大学に進学する気になれなかった。このまま日本に残り、将来働くことになっても、年功序列や長時間労働の傾向が強いとされる日本の職場になじめるとは思えない。給料はほかの国に比べても低く、働きに見合っていないという印象も強かった。

「がんばって勉強して、わざわざ自分が好きじゃない環境に行くのは、なんだか嫌でした。もしその環境に行かなくてすむ選択肢があるのであれば、そちらを選びたいと思いました」

漠然と海外での生活に憧れていたなかで、高校3年生になると、ワーキング・ホリデー（以下、ワーホリ）という手段を知った。きっかけは、ＹｏｕＴｕｂｅ。当事者が海外で働きながら生活するその暮らしぶりを発信していた。学費の負担が大きい留学に比べても、現実的な選択肢に映った。

将来の展望が見えていたわけではなかったが、卒業後はまずワーホリでカナダに行くことを決断。カナダを選んだのは、ビザが取りやすいことに加え、英語圏で「きれいな英語が話せるようになりたい」という思いがあったからだ。

ワーホリの1年間は、トロントのラーメン店で働きながら、語学学校に通う生活を送った。その生活はすぐに気に入った。

「街中を歌って歩いている人がいても、誰も文句を言いません。他人の目を気にしなくていい。これこそ求めていた環境でした」

一つの価値観に縛られることなく、自分らしく生きられるように感じた。いったん8カ月ほどで帰国した後、２０２２年冬に移住を目指して再びカナダへと戻った。

ただ、永住権を取得することは「そんなに甘くない」と自覚している。

まずは金銭的な負担だ。日本を上回る物価高が生活を圧迫する。たとえば、ラーメンは1杯2000円ほどで日本の約2倍。レストランへ行けば、チップ分が10〜20％ほど上乗せされる。そのため、趣味はラーメン店巡りだが、これも我慢せざるを得ない。

日本に帰国している間にアルバイトをして70万円ほどを用意してきた。外食を控えるなどして節約してきたが、それでも貯金は再渡航から約4カ月で尽きた。今後は現地でアルバイトをして生計を立てるつもりだ。

カレッジの授業料も300万円ほどかかる。今は両親が支払ってくれているが、少しずつ返すと約束している。

カレッジを卒業するのも簡単ではない。出席するだけでなく、授業内容をきちんと理解しなければいけない。卒業が予定通りにできず後ろ倒しになれば、余計な出費が増え、生活が苦しくなってしまう。実際、そうした事情で、卒業を諦める先輩の話も聞いたことがある。

就職先探しも悩みの種だ。カナダでの就職では、人脈が重要と言われる。人の紹介などで採用する企業が多いとされ、頼る先がなく、苦戦する日本人も多い。

久米さんは、卒業後を見越して、今から人脈づくりに力を入れている。カレッジで専攻する、マーケティング関係の仕事に就くことを目指して、土日は学校が主催する業界関係者との交流会に参加するなどしている。

「就職できずに諦めてしまう人もたくさんいます。自分は果たして本当に就職できるのか。さらに言えば、就職してからも続けられるのかも大事ですよね。カレッジを卒業すれば就労ビザが発行されてカナダで3年間働けますが、その間にしっかり経験を積んで、永住権を取れるようにしないといけません」

先があまり見通せないのにカナダを選ぶ理由、それはこれまで見てきたように日本の働きづらさにある。実際には日本で働いた経験がない久米さんにすら自明のものとなりつつある。次のケースもその一つだ。

家族4人で移住、カレッジで学び直し

ヨシアキさん（40歳）

妻子とともにカナダへと渡り、カレッジで学ぶ日本人もいる。日本の大手メーカーなどでセールスエンジニアとして働いてきたヨシアキさんは妻、小学生と未就学児の子どもの家族4人でトロントに移住した。

2022年9月からトロント東部にある「センテニアルカレッジ」で、コンピューターシステム分野を専攻している。日本でセールスエンジニアとして20年近く働いてきたが、それでもカナダでエンジニアとして就職する道は選ばなかった。就職には、現地での実務経験や人脈がなければ不利だとされるためだ。就職先を見つけるのに時間がかかるリスクもあった。

「以前、ほかの国に移住しようと思って、現地の企業に応募したときには、全く音沙汰無しで……。カレッジに行くことが、より早く動ける選択肢と考えました。年齢も年齢なので、早く動かないと身動きが取れなくなるという危機感もありました」

日本でのキャリアがあったにもかかわらず、カナダに渡った理由は、家族との時間を確保できる働き方を求めたからだ。

大学卒業後は、学校の推薦で大手情報通信メーカーに就職。セールスエンジニアとして営業の人と一緒に顧客のところに出向き、技術的な説明をしたり、システム全体の設計を手がけるような仕事をしたりしてきた。外資系の会社も含めて2度の転職も経験したが、日本で望むような働き方はできないように感じていた。

「それなりに残業をやってきた。仕事は仕事としてしっかりやりたいが、バランスのとれた生活を築きたいと思っている。日本でもこうした暮らしをしようと思ったらできたのかもしれないですが……。長時間働く文化もありましたし、やらざるを得ない状況があって難しかったですね」

自分だけ長時間労働をしなかったときの、同僚からの評価も気になった。

海外への移住は、家族のことを考えた決断でもあった。妻も年功序列や男性優遇といった日本の価値観に違和感があって、海外で暮らすことに前向きだった。2人の子どもたちのために「日本だけでなく、どこでも生きていけるような環境を整えてあげたい」という思いも大きかった。

海外移住を本格的に考えはじめたのは、2020年頃。ちょうど新型コロナウイルス感染症が広がりはじめた時期だった。英語圏を中心に探したが、移住先探しは難航した。

「国境を閉じている国もあるなかで、カナダは受け入れ態勢が整っていて、ウェルカムな状態だと感じました。不安はありましたけど、なんとかなるかなと」

今は勉強と育児に追われる毎日だ。カレッジでは、週7～8コマを受講し、土日に通学することもある。驚かされたのは、課題の量だ。

「想定の倍くらいはありました。こんなに大変だとは……。今までのなかで一番勉強しているという感覚はありますね」

子育てにも追われ、忙しい時期には夜中の3時に就寝し、早朝6時に起きるような生活が続いた。生活費は、日本で貯めた貯金と、カナダで就職した妻の収入に頼っている。

専門分野だけでなく、「一般教養」のような授業もある。たとえば、ビジネスや英語のライティングなどだ。

「『グローバル人材について考える』といった哲学的な授業もあります。このあたりは英語面でつらかったですね」

日本でも英語を使って働いた経験があり、TOEICのスコアは900点ほど。それでも英語での会話は、思うようにはできなかった。

就職活動の難しさも痛感している。インターンシップに応募したが、80社ほど応募しても、面接まで進めたのは数社ほどだった。会社に直接応募したり、大手スカウト型転職サイトを通じて申し込んだりしても、なかなか通らなかった。

苦労は絶えない一方で、カナダで過ごす醍醐味も日々感じている。一つは多様なバックグラウンドを持つ友人たちとの出会いだ。同じ授業で一緒に学ぶ20人の大半は、インドやフィリピンの出身者で、イランやナイジェリアから来ている人もいた。子どもたちの英語力が猛スピードで伸びていくのも楽しみの一つだ。自分の英語力を追い抜く日がそう遠くないとも感じている。

カレッジは2024年末に卒業する見込み。その後は現地で3年間は働く予定だ。日々の生活に精いっぱいで、将来のことが具体的に決まっているわけではないが、永住権を取ることも選択肢の一つとして考えている。

カレッジ入学は勉強の目的を明確化してから

ヨシアキさんを含め40人ほどの日本人が、センテニアルカレッジに通う。ただ、カレッジ全体で約5万人の学生がいるため、日本人は少数派だ。

この学校は、機械工学や幼児教育、料理など幅広い分野を学べるのが特徴だ。授業とは別に、英語が苦手な外国人をサポートするため、英語を無料で学べるサービスもある。卒業後の就職を後押しするため、就職先の紹介や、履歴書の書き方の指導なども受けることができる。

ただ、それでも単位が思うように取れず、卒業が遅れるうちに経済的に厳しくなるなど、帰国を余儀なくされるケースもあるという。同校のスタッフ、山根耕治さん（44歳）は、こうアドバイスを送る。

「ただ、移住したいという気持ちだけでは卒業するのは厳しいです。どのような仕事で生きていくかを見据え、カレッジで勉強する目的を考えたうえで入学するように勧めています」

事前の情報収集も大切だと指摘する。日本に比べて給与水準の高いことから、海外移住への注目も高まっている。だが、日本以上に物価は高騰しており、生計を立てるのは簡単ではない。トロントでは、特に住宅価格の高騰が進んでおり、住む家を見つけるのに苦労する日本人も少なくないという。

「短期で生活するだけなら稼げるかもしれないが、移住するとなると話は別です。物価高もありますし、住みにくさを感じることもあるはずです」

コラム カナダで永住権を取るには

移民大国カナダでは近年、年間40万人に永住権が発行されている。だが、永住権の発行には審査があり、取得に苦労する日本人も少なくないようだ。

永住権の代理申請などを請け負うQLSeeker社によると、2015年からはじまった移民の申請手続きでは、カナダ移住の希望者は、年齢、職歴、学歴、言語能力、雇用主からのジョブオファーなどを記入してエントリーする。こうした情報をもとに、点数がつけられ、高得点の希望者が永住権を取れる仕組みだ。

多くの日本人が苦戦するのは、言語能力だ。ほかの項目と合わせて総合的に判断されるものの、かなり高いレベルが求められており、日常会話が問題なくできる人でも苦労するケースがあるようだ。同社の移民コンサルタントの上原敏靖氏によると、英語検定試験IELTSのジェネラル・トレーニング・モジュールで、ライティング、リーディング、リスニング、スピーキングの4分野において、各分野で最高スコア

9・0に対し7・0以上（リスニングは8・0以上）を目指すように勧めているという。

また、年齢も審査に影響するため、早めの取得が望ましい。30歳を超えると段々と点数が減り、40歳になると加点が全くされなくなるという。このほか、日本であっても4年制の大学を卒業していたり、カナダ以外で職歴があったりすると加点されるなど、様々な要素が考慮される。人手不足の職種は優遇されるなどの仕組みもあるが、雇用情勢などによって変わりうるため、注意しておくことが必要だという。

一方、永住権の取得に向けては、どのようなプロセスをたどる人が多いのだろうか。上原氏によると、社会人の場合、大きく二つのパターンがある。

一つは、1年間滞在できるワーキング・ホリデーなどで訪れ、現地の企業で働くケースだ。うまくいけば、短期間で取得することができる可能性がある。もう一つのパターンとしては、現地で専門分野を学ぶカレッジ（専門学校）などに通うことだ。2年ほど通うため期間は要するが、カレッジを卒業することも加点対象になるため、英語力に自信がないような人にお勧めだという。また、カレッジを出た後も、3年間はカナダで働く権利が得られるのもメリットだ。

このほか、現地の人と結婚して永住権を取得するケースも多い。最近では、高校や大学から留学したりするケースもあるようだ。永住権を取得した後は、5年間のうち2年以上居住していれば、永住権を維持できるのもポイントだ。そのため、ほかの国とカナダを行き来するようなライフスタイルを選ぶ人もいるという。

捨てた新卒切符、カナダで保育士に

まどかさん（27歳）

自分が輝ける場所が日本にあるとは限らない。海外の暮らしをより身近に感じられるようになった今、若者の間でこの認識は広く浸透している。

九州出身のまどかさんは今、小学生の頃から憧れていた保育士として、カナダ・ブリティッシュコロンビア州のデイケアで働いている。11月中旬、窓の外には雪景色が広がる。

2019年に日本の大学を卒業後、カナダの公立カレッジに進学。そこで保育士の資格を取った。

日本で保育士になる、という選択肢は頭になかった。

「日本の保育士は残業が多く、お給料も少ないとか、ネガティブな情報を耳にしていた。日本で働くということは考えなかった」

カナダで保育士として働く日本人の友人らもこう言う。

「プライベートより仕事を優先して長時間働く日本では、保育士でなくても働きたくない」

西日本にある高校を卒業後、東京の大学に進んだ。保育士を目指す専門学校ではなく大学に進んだのは、「視野を広げたら」という両親の助言があったからだ。サークル活動で保育園などを訪ねるうち、日本だけでなく海外の幼児教育に興味が広がった。

大学2年生のときにカナダの保育施設で2週間のボランティア活動に参加。自分が本当に海外で保育士になりたいのか確かめるため、翌年から1年間はカナダに私費留学した。

留学中、印象的だったのは子どもを尊重するカナダ社会の姿だった。「子どもはわたしたちの未来」と子どもへの投資を呼びかけるメッセージが大きく掲げられた街。カレッジの授業でも、子どもたちへのポジティブな言葉がけや、子どもの興味関心に沿って柔軟に保育内容を変えることなども学んだ。日本の保育現場で働いた経験はなかったが、カナダで保育士になる思いが膨らんだ。私立カレッジで保育士アシスタントの資格を取って、帰国した。

カナダで保育士になるという計画を両親に打ち明けたとき、両親は金銭的な詰めの甘さを指摘し、当初は反対したという。カレッジの学費はバイト代で賄える計算だったが、生活費を合わせると留学費用は足りなかった。留学に必要な費用と保育士になって得られる収入を見積もり、両親への返済計画と一緒に示した。娘の本気度を知った両親は、最終的に不足している費用を出し、背中を押してくれた。

日本とは違う保育環境　「保育士の負担少ない」

２０２１年からカナダで保育士として働きはじめ、あっという間に1年が過ぎた。今のデイケアでは午前8時30分〜午後5時の勤務。基本的に残業や持ち帰り仕事はない。８時間を超えると時給が１・5倍になる決まりがあり、園側も残業をすることを嫌がる傾向があるという。運動会やお遊戯会といった行事はほとんどない。自身が幼い頃に通った保育園を思うと不思議な感覚だ。

「でも保育士の仕事として考えると行事の準備はすごく大変なので、時間を取られることがないのはメリットだと思います」

日本でよくある季節や行事ごとに保育室を飾り付ける仕事もない。親の残業に合わせて、保育時間の延長をする家庭がほとんどないのも日本の保育園とは違う点だ。

１人の保育士が何人の子どもをみるかという保育士の配置基準も日本とは全く違う。日本の基準は、0歳児は3人、1~2歳児は6人、3歳児は20人、4~5歳児は30人。一方、まどかさんが働く州では0~2歳児クラスは4人、3~5歳児クラスでは8人だ。

自分が担当する2歳児はまだ言葉がつたなく、ときに癇癪《かんしゃく》を起こすことも珍しくない。偏食の子もいれば、昼寝が嫌いな子もいる。移住してきたばかりで英語の上達が遅く自分の意思をうまく伝えられずに、物にあたる子どももいる。保育士としてなにができるか。毎日、アプローチの仕方を変えて接するには忍耐力も必要だ。

「自分の感情をコントロールしながら子どもたちに接するので、精神的に疲弊することもあります。同僚とはわたしたちの仕事は子どもにギブする（与える）仕事で、1日の終わりには自分のなかにほとんどなにも残っていないと話します」

体力的にも精神的にも大変だが、それでも日本と比べて保育士の負担は少ない。昼食や昼寝の時間を子どもによってずらすなど、子ども一人ひとりに柔軟に対応する余裕がある。

「キラキラ」だけではない移住の現実

月収は手取りで約33万円。物価は高く、半分近くは家具付き・光熱費込みのワンルームの家賃に消える。家賃相場はどんどん上昇し、趣味の外食もチップを含めると高くつく。

単身なら十分に暮らせるが、同僚とは「もっと保育士の待遇を上げてほしい」「保育士の重要性を認知してほしい」という話をよくする。

カナダで働くという選択は間違っていなかったと感じる。でも、海外移住はほかの人がSNSで発信しているようなキラキラした面ばかりではない。

まどかさん同様にカナダに移住してきたブラジル人の同僚は、母国で25年も幼稚園の先生として勤めてきたベテラン。パキスタン人の同僚は母国で医師だった。それでもカナダで永住権につながりやすい保育士のキャリアを一から積んでいる。

「母国で培った経験に目を向けてもらえず、移民としてしか見られていないと感じるときもあります。それでも、永住権を取得すれば職業の選択肢が広がることもあり、次のステップに進むためにがんばっている」

長く住めば上達すると思っていた英語力も停滞気味だ。

「勉強を続けて、意識して色々な人と話さないと全然伸びない。仕事で使うボキャブラリーって限られていて、特に乳幼児には難しい言葉は使わない。でも、仕事から帰ってくるとぐったりして、誰かと話す気力もないんです。あと、今の英語力でも生活ができて、仕事もできているので、次の目標がないことも原因かも」

コロナ禍では通りすがりの人から「コロナ」と呼ばれるなど、アジア人に対する差別を経験した。だからこそ、子どもたちにこう語りかける。

「わたしたち髪の色も肌の色も目の色も違う。みんな違う色を持っているけど、こうやって楽しい時間を一緒に過ごせているよね」

子どもたちが遊ぶ人形にはアジア人の容姿をしたものを加えた。お互いを認め合えるような人に育ってほしい。それが少しでも伝わって子どもたちにいい影響を与えられれば、日本人の自分がここで働く意味があるとも思う。

新卒切符を前に揺らいだ決心

振り返れば、大学時代の友人たちは多くが新卒で大手企業に就職していった。カナダで保育士になる——。そう決心したはずだったのに、まわりが就職活動をはじめたときは気持ちが揺らいだ。大手から次々に内定を得ていく友人たち。カナダで保育士になる、と話すと、「うちの大学出てなんで保育士？　新卒切符を捨てるなんてもったいないよ」「就活しないなんて甘いんじゃないの」と言う人もいた。

環境が変わりつつあるとはいえ、日本の企業の採用はまだまだ新卒重視。新卒の就職機会を捨てる怖さも確かにあった。海外で保育士になれる保証はないしなぁ。わたしの選択は間違っているのかも……。そう考えて一時、就活をはじめたこともあった。しかし、「この仕事じゃないな」と気持ちが全く入らないまま。臨んだ選考はうまくいかなかった。

そんなとき、社会人として働く大学時代の先輩らと居酒屋で集まる機会があった。近況を知った先輩からは「お前の保育士になる気持ちってそんなもんなの」と言われた。

「新卒で大手企業に就職した先輩に軽いノリで言われ、悔しくて店のトイレで号泣しました。学歴を捨てる怖さも知らないのにって」

でも、わかったことがあった。

「自分がどんな道を選んでも否定する人はいる。自分の人生に責任を取れるのは自分だけだ」

そう思って、自分の意志を貫いた。

居心地の良い場所、ここで働く執念

2022年末、移民局から永住権について「承認」の連絡があった。今の職場で働きはじめた頃に申請していたもので、1年以上待ち続けた。永住権を取るとカナダ人と同等の条件で行政サービスを受けたり、働いたりできる。

「永住権を申請している間は職場を変えられないんです。働く先がここしかないって呪縛みたいだねと友だちと話したことがあります」

日本を出るとき、カナダで保育士として生きていくと覚悟を決めた。カレッジではカナダ人の数倍も高い学費を払って保育士の資格を取り、英語の環境でもまれてがんばってきた。

「永住権を申請したのは、『カナダが大好き』という理由よりも、今、日本に帰ってわたしになにができるのかという葛藤と、カナダで保育士として働くことへの執念があるんだと思います」

それに、カナダで暮らすことに居心地の良さも感じている。カナダには多様な文化的、民族的背景を持つ人々が暮らす。ここで暮らすうちに、自分が正しい、当たり前だと思っていたことはそうではないと気づくこともあった。美の基準だって人それぞれだ。日本では自分の容姿を卑下して笑いを取ろうとすることもあった。

まどかさんは言う。

「自分を大切にしながらも、ほかの人と関係性を築いていくっていうやり方をカナダに来て学んだ気がする。子どもだからとか、女性だからとかそういう固定された価値観で人を評価しないカナダは、わたしにとって居心地がいい場所。ここに来てもっと自分を大事にしようと思えるようになった」

自分の選んだ道を自問自答しながらも、故郷から遠く離れた国で新社会人としてのスタートを切った。海外で暮らすことは楽なことばかりではないが、まどかさんの表情に後悔はない。これからもカナダで自らの道を切り開いていくつもりだ。

コラム 保育士、重責と過酷な労働環境

国は待機児童問題を解消するため、規制緩和を進めて保育の受け皿拡大を優先してきた。一方、保育の質の改善は財源不足などによってこれまで対応が遅れ、質の低下も指摘されている。静岡県内の認定こども園で送迎バスの車内に置き去りになった女児が死亡するなど、保育現場では近年、事故や事件が相次いでいる。また、こども家庭庁が2023年5月に公表した「不適切な保育」に関する実態調査の結果によると、「罰を与える・乱暴な関わり」など、市町村が認可保育所での「不適切な保育」と認定したのは914件。そのうち「虐待」と認定したケースは90件あった。

保育士1人がみる子どもの人数を定めた「配置基準」。日本の今の配置基準は、保育士1人あたり0歳児は3人、1~2歳児は6人、3歳児は20人、4~5歳児は30人だ。ほかの先進国と比べても、日本は保育士1人がみる子どもの人数が多く、子どもの安全を守りながら、一人ひとりに寄り添った保育を行うのは容易ではない。負担の

大きい保育現場などからは配置基準の見直しについて改善を求める声があがってきた。政府は2023年12月、少子化対策を盛り込んだ「こども未来戦略」を閣議決定。2024年度から、4～5歳児の基準を現行の30人から25人に見直す。

一方、保育士の労働環境の改善も急務だ。

経済協力開発機構（OECD）が2018年に日本や韓国、ドイツなど加盟9カ国を対象に行った調査によると、日本の常勤の保育者（保育士や幼稚園教諭ら）の仕事時間は週50・4時間で、参加国で最長だった。一方、仕事時間のうち、子どもと接していない時間は16・9時間と2番目に長かった。調査結果からは、保育者が「活動の計画や準備」「園の管理運営や職員会議、事務業務」などに追われている様子がうかがえる。

保育士は低賃金も問題で、厚生労働省の賃金構造基本統計調査によると、2021年の保育士の平均月給は25万6500円。全産業平均の33万4800円を8万円近く下回っている。OECDの18年の調査によると、給与に満足している保育者の割合は日本では22・6%。参加国のなかで2番目に低かった。

ラーメン屋から目指すカナダ永住権

森井　廉さん（27歳）

「ラーメン1丁！　ギョーザ2皿！」「はいよ！」

カナダ・トロントで桜が咲きはじめた2023年4月中旬、繁華街にあるラーメン店「KINTON（キントン）ラーメン」では、注文を受けたスタッフの日本語が響いていた。午後8時を過ぎると、40席ほどある店内は、生ビールを片手にラーメンをすする客らでにぎわい出した。ウッド調の内装が施された店内は薄暗く、落ち着いた雰囲気がただよう。

豚骨の香りがする厨房では、店長の森井廉さんが黒色のTシャツに前掛け姿で、手際良く麺を湯切りする。次々と注文が舞い込んでくるなか、慣れた手つきでどんぶりにスープを流し込んでいく。厨房に立ちながらも、一緒にホールやキッチンで働くスタッフ3人への目配りも忘れない。

森井さんは2022年から、この店の店長として働く。ラーメンをつくるだけでなく、店の売り上げの管理や、20人ほどいるスタッフの指導など、あらゆることを任されている。日本らしさを演出するため、注文を受け付ける際の声掛けは日本語を使うが、様々なバックグラウンドを持つスタッフとのやり取りはもちろん英語だ。

「言語の壁はもちろん、育った環境も違います。日本人の感覚でいると、『なんでそうなるんだろうか』とわからないこともあります。以前はスタッフの遅刻もしょっちゅうでした。それでも『だめなことはだめ』と注意したり、褒めたりしながら伝えています」

KINTONラーメンは2012年にトロントに1号店を出し、カナダやアメリカなどで20店以上を展開する。日本人の客はほとんどおらず、ラーメンの味付けは日本とも少し異なる。人気メニュー「ポークスパイシーガーリック」は、豚骨スープに独特の辛みが加わっており、カナダ人らに好まれている。現地では、ラーメンが1杯2000円を超えることもあるなか、1600円から食べられるのも人気を集める理由だ。「自分好みのラーメンを食べたい」というカナダ人のニーズに応えるため、チャーシューやメンマといったおなじみの具材のほか、油揚げやキクラゲなどのトッピングが充実しているのも特徴だ。

客層は幅広い。日中はビジネスマンらが訪れる一方、メジャー・リーグのトロント・ブルージェイズの本拠地が近くにあるため、観戦客らが試合の前後に訪れる。日本ではラーメン店というと1杯食べて足早に店を去るケースが多いが、大人数で誕生日パーティーを開くような客もいる。食後もゆっくりと談笑しながら過ごす客も珍しくない。現地では「ラーメンレストラン」という感覚で受け入れられ、そのぶん質の高いサービスが求められるという。チップを支払う文化からサービスに対する評価が自ずとわかることになる。

「数字として見えるので、プレッシャーにもなりますね」

愛媛の製紙工場からカナダへ

森井さんは高校卒業後、地元の愛媛県の製紙工場で働いた。工場は3交代制で、4人1班でラインを回した。班はリーダー役のベテラン社員、中堅2人と若手1人でつくられる。先輩社員と日々一緒に働くなかで、キャリアの限界がなんとなく想像できてしまった。自分の将来に希望を感じられず、退職を決めた。

現状を変えようと選んだのが、ワーホリだった。知人に勧められるがままに、2018年にカナダに渡航した。

だが、海外渡航ははじめて。英語力は「『OK』や『YES』、『NO』が言えるくらい」

だった。「行ったらどうにかなるやろ」と考えていたが、カナダの空港に到着すると、英語が思うように通じず、不安が広がった。

語学学校に通うなかで、生活費として収入が必要となり、アルバイトとして働きはじめたのがたまたま昼食で訪れたKINTONラーメンだった。「日本食の店なら働きやすいだろう」と考えていたが、甘くはなかった。客の注文も思うように聞き取れず、カナダ人のスタッフらとの会話ももちろん英語。不慣れな英語での会話にストレスや疲れがたまり、「日本に帰りたい」と思うこともあった。

「カナダでは客としてお店でオーダーするときにも緊張しちゃって、日本の居酒屋で注文するような感覚ではまだできませんね」

ワーホリで1年間過ごした後、アメリカ・シカゴの店舗で働く誘いも受けたが、日本に帰国することを選んだ。

だが、日本に戻ると、カナダでの生活が恋しくなった。大阪の居酒屋などで2年間バイトとして働いたが、日本での生活におもしろみが感じられなくなっていた。

「日本にいたら、ルーティン通り、ずっと同じような生活をしていると思いました」

カナダで生活をしているときは、バスや電車が時間通りに来ないことにストレスを感じることもあったが、そんなイレギュラーなことも、あったほうがおもしろいなぁと思いはじめた。

2021年秋、カナダに戻り、KINTONラーメンの運営会社の社員として働くことになった。英語でのコミュニケーションには苦戦したが、カナダの人々の距離感の近さは気に入っていたこともある。

「たとえば、街中でつまずいたときに、カナダの人は笑ってくれたり、『大丈夫か』と声をかけたりしてくれる。オープンというか、声をかける壁が低いですよね。日本だったらみんな下向いてスマホをいじって歩いているようなところがありますけど、そんなところがカナダは過ごしやすいと感じますね」

今後はKINTONラーメンで働きながら、永住権を取得することを考えている。永住権が取れれば、「日本で暮らすよりも将来の選択肢が広がる」からだ。ただ、当局の審査を突破するには、高い英語力を身につけたり、カナダでの就労経験を積んだりすることが必要になる。そのレベルは高く、高卒の学歴も大きなハンディキャップになるという。合格できる確信はまだない。2〜3年はかかることを覚悟している。

「30歳ぐらいで取れたらいいが、実際は厳しいかもしれない」

日本人の働き手を確保する仕組みづくり

2009年に創業したKINTONラーメンの運営会社KINKA FAMILY（キンカファミリー）は、カナダ、アメリカを中心に、日本食店を幅広く手がけており、寿司店や居酒屋、焼き鳥店、カフェも展開する。特にラーメン店は出店攻勢を強めている。副社長の高根大樹さん（44歳）は「かつて日本食のイメージは、寿司、天ぷらといった高級料理のイメージが強かったですが、ラーメンのようなカジュアルな食事が広がりはじめています」と語る。

一方で、日本食店の日本人がカナダに渡るための足がかりとしての役割も果たしてきた。カナダで仕事を探す日本人にとっては、飲食店は特別なスキルがなくても働きやすい職場の一つだ。ワーホリなどで訪れた若者がアルバイトとして働くケースも多いほか、会社からジョブオファーを出してもらい、就労ビザで働く場合もある。就労ビザを受ければ2年間は働けるため、この間に英語力などを上げて、永住権取得に向けた「ポイント」をためるスタッフも多いという。これまでに50人ほどにオファーを出して雇ってきたという。

働き手の年収は店長クラスで年収700万円程度になるため、日本で働いていたときよりも年収が高くなる人も多い。

「日本だと飲食は大変だというイメージがあるがカナダでは違う。サーバー（接客をする人）でも資格を取ったり、勉強したりする。サービスに対してチップが支払われる。シェフはもっと地位として認められている」

会社にとっても、日本人を雇うことは、ブランドイメージを高めることができる。日本人が自ら厨房に立つことで、本格的な日本食を楽しめる店だとの認知につながるからだ。

このため、日本人の働き手を確保する仕組みも独自に設けている。2016～18年には、六本木や渋谷にも出店した。将来カナダで働いてくれる人材を、日本の店舗で育てることが狙いの一つだ。日本人が就労ビザを取得するにあたって、会社側がジョブオファーを出したうえで日本人に就労ビザを取得させるには、ビザ代や渡航費などを負担する必要があり、仮に渡航後に離職されてしまうと大きな痛手となる。そのため、まずは日本国内の店舗で働いてもらうことで、人材の適性を見極めることができ、ミスマッチを減らせるという。日本の店舗では、カナダでの勤務経験があるスタッフもいるため、現地での働き方や生活について先輩社員が教えることもできる。

実際、コロナ禍が落ち着き、カナダへと飛び立つ人材も増えはじめた。トロントの寿司店で働く細川祥吾さん（23歳）は、日本の店舗からカナダに移った一人だ。日本で2年半ほど経験を積み、２０２２年末にトロントの寿司店に移った。「環境は変わっても、仕事は同じ。ストレスなく仕事ができています」と語る。コロナ禍後に円安傾向が強まった影響で、カナダで働いたほうが高い給与を得られる傾向が顕著になり、日本にいるスタッフのなかでもカナダで働くことを希望する人が増えているという。

両国の「架け橋」に

副社長を務める高根さん自身、日本人がカナダに渡ることへの思い入れは強い。自身は２００９年にワーホリでカナダへ渡ったが、これが人生の大きな転機となったからだ。元々はカナダで暮らすつもりはなく、日本語の教育に関心があった。だが、現在の社長と出会ったことをきっかけに、飲食チェーンを立ち上げることになった。週1回は日本の拠点とミーティングを重ね、半年に1度は日本にも渡る。日本では、カナダで働くことの魅力を発信したり、面接を担当したりしている。今後は日本の店舗もさらに増やし、より多くの人材を育てていくつもりだ。

『外国人』であることを実感しないで暮らせると思います。自己紹介をするときに、『何語を話すの？』という質問が出てきます。英語に癖があってもそれを卑下する必要がないですし、様々な文化や宗教とも触れ合えます。それぞれが異なるバックグラウンドを持っているのが当たり前です」

日本とは異なり、移民の多いカナダだからこそできる経験もある。トロントで働くことで、こうした文化にも触れてほしいと考えている。生活を充実させたり、学んだり、経験したりできるチャンスがあふれているということを自分が体感したからこそ、カナダへ飛び立とうとする人材の後押しになりたいと願う。

インタビュー　なぜカナダは移民を惹きつけるのか

北海道教育大学　古地順一郎准教授

日本人の海外移住希望者にも人気の高いカナダは、人口の4人に1人が移民という移民大国でもある。多くの移民をなぜ受け入れ、どう社会に取り込んでいるのか。北海道教育大学の古地順一郎准教授（地域政策学）に、カナダの政策の現状と課題について聞いた。

年間50万人の受け入れを目指す

わたしのカナダのイメージは「バキューム怪獣」です。移民を吸い上げられるだけ、吸い上げるという感じです。移民の受け入れに国の将来をかけています。移民の受け入れはコロナでいったんは減ったものの、最近の勢いはすさまじいです。約4千万人の人口に対し、2021年は年間約40万人、22年は約43万人と史上最多数の更新が続きました。25年には年間50万人を目指すとしています。

カナダが受け入れるのは、大前提として国にとって役に立つ人間です。移民に対する優しさから受け入れているわけではありません。最近は人材不足もあって、人手の足りないところに移民を当てていくという考え方が強まっています。たとえば、日本と同じようにカナダでもバスやトラックの運転手不足が深刻化しています。特に地方でトラックの運転手が不足しており、運転ができる人たちに永住権を与える動きが出ています。

さらに移民を惹きつける「武器」になっているのが、多様性です。カナダは1971年に世界ではじめて多文化主義政策をとりました。「カナダには公式な文化は存在しない」という考え方を示し、様々な文化的ルーツを持つ人たちが公正に扱われるような仕組みをつくってきました。フランス系、イギリス系、その他の住民の力関係を調整するなか、こうした考え方を宣言することになりました。

その後、政府はこの政策を次第に戦略的に使うようになり、今は公式サイトに「多様性は力の源」と書いています。２０１１年には多様性に配慮するための「ＧＢＡ（Gender-Based Analysis）プラス」を、政策決定のプロセスに導入しました。性別や人種、年齢などの違いによって政策決定の与える影響の大きさを分析し、多様な人々のニーズを満たそうという考え方です。国の予算編成においても取り入れられています。

性的マイノリティーの人が、自分らしく暮らして自己実現できる社会を築くことも、カナダを強くしています。２００５年から全土で同性婚が認められていますが、同性婚をするために他国から移住する人もいて、わたしもアメリカから来て活躍している人を知っています。性的マイノリティーを受け入れることが、最終的に国力の増強につながるのです。

こうしたカナダが、日本人からも選ばれている理由としては、やはり、生き方の選択肢が広がるからではないでしょうか。家族との時間を大切にするという価値観があり、ワーク・ライフ・バランスを重視する意識も圧倒的に高いです。残業は少なく、子育てに対して社会の理解も高い。子どもを職場に連れてきてもなんとも言われません。

短期的なマイナスより中長期的なプラスのために

もちろん、いい面ばかりではなく、たとえば、医療サービスへのアクセスは、日本のほうがいいといえるでしょう。カナダでは、かかりつけ医にあたる「ファミリードクター」が見つけづらい状況が続いています。緊急で診てもらおうと思っても、時間がかかることが多いです。保育園などの保育料も高額です。

多くの移民を受け入れることには課題もあります。カナダ国内では、年50万人も入れて、本当に移民を社会に統合できるのかという議論が続いています。たとえば、家賃相場が高くなるなかで、移民のための住居を確保できるのかといったことです。

移民が望むような仕事に就けていないという問題もあります。母国で医師だった人が、カナダではタクシー運転手になるなど、専門性を活かせない職に就いているようなケースも少なくありません。現地の報道では、高学歴にもかかわらず就労できていない人はここ数年で増加傾向にあり、このなかには移民が多く含まれているとされています。長年現地で暮らす人のなかには、移民に仕事を奪われるといった不安の声がないわけではありません。

ただ、それでも中長期的に見たときに、この移民政策が国や地域にとってプラスとなるという考え方のほうが強いといえます。ある首長は「息子が失業しているのに移民の受け入れを進めるのは好ましくない」という市民からの電話に「将来を見てください。あなたのお孫さんの雇用を、移民がつくる時代が必ずきます」と答えました。現に、移民が会社を立ち上げ、雇用を生み出すような状態になりつつあります。

こぢ・じゅんいちろう／オタワ大学大学院政治学研究科で博士号（政治学・カナダ研究）を取得後、モントリオール市役所調査官、在カナダ日本大使館専門調査員などを務めた。カナダの移民政策や統合政策などを研究する。日本カナダ学会理事。カナダの多様性を尊重した取り組みを参考にして、北海道江差町などの地域振興にも取り組んでいる。

第3章

増える教育目的の移住

――日本型教育への疑問とマレーシアという選択

海外のインターナショナルスクールを選ぶ親たち

日本の教育に失意の父、大手辞めて海外へ

アキフミさん（42歳）

東南アジアの常夏の国、マレーシア。より良い教育環境を求め、日本から移住する日本人家族や単身留学する学生の姿が目立つ。欧米への留学に比べて日本からの距離が近く、物価も比較的安い。さらに、この国が持つ「多様性」も多くの日本人を惹きつけている。

東京都在住だったアキフミさんもその一人だ。２０２２年6月、大学院を卒業後、約16年間勤めた日本の大手通信会社を退職し、妻（31歳）と長女（5歳）を連れて首都クアラルンプールに移住した。

目的は子どもの教育だ。日本で公立保育園に通っていた長女は現在、学費が年に２００万円弱かかるインターナショナルスクール（以下、インター）に通う。

「少子高齢化で日本の経済が縮んでいくのは明らか。娘が大学を卒業する頃にはいい仕事や産業は少なくなると思う。娘が自立したときに日本で働きたいと思うのであれば日本で

もいいが、海外でも働ける能力を身につけさせたかった」

夫婦ともに過去に海外に留学したり、住んだりした経験はなかった。ただ、子どもが生まれたとき、夫婦でどんな風に成長してほしいかを話し合った。「自分で生活できる力」や「自分で考え、決断する力」「英語で自分の意見を言う力」など10項目にまとめていた。日本の教育には不安を感じていた。自分の学生時代を振り返ってみても、無理やり暗記して、その後はほとんど使わない受験知識が多かった。社会に出てから向き合う問題に答えがあるとは限らない。だからこそ、自分の頭で物事を考えて、意見を主張し、相手を説得する力が必要だ。今の日本の学校教育でそんな能力は身につくのだろうか。

最近の教育はどう変わっているのかと調べはじめた。報道やネット上の情報だけでなく、実際に公立小中学校の教壇に立つ友人らから話も聞いた。習熟度別クラスの導入など変わった点もあるが、基本的に決まった範囲を先生が教え、知識の暗記や正解にいかに早くたどり着くかが重視されていると感じた。

「30年前に自分が受けた教育とほとんど変わらないじゃないか。今の実社会で必要とされる能力は育てられない」

実際に海外移住を考えはじめたのは2020年の秋頃だった。お笑い芸人で人気Ｙｏｕ

Tuberの中田敦彦さんがシンガポール移住を公表していた。刺激を受けた妻から「海外に移住しない?」と提案を受けた。

「我が家の教育方針を考えると海外移住もいいかも」と前向きに調べはじめた。

決め手は教育の選択肢の多さ

日本のインターも検討はしたが、小学校から高校まで続けて通える学校が少ないことや、入学時点で子どもの英語力が問われることなどから候補から外した。

行き先は早々にマレーシアに絞った。最大の理由は教育の選択肢が多いことだ。首都に多くのインターがあり、英国式や米国式、国際バカロレアなど様々な教育カリキュラムから子どもに合った学校を選べる。

さらに他国に比べてビザが取得しやすいことも利点だった。物価の水準、比較的治安が良く、気候が温暖であることなども魅力に感じた。周辺国へのアクセスの良さも、旅行好きの夫婦にはうれしいポイントだ。

「学費を支払えるのか」「医療保険をどうするか」「親の介護や病気への対応は」。移住にともなう課題を徹底的に洗い出した。

「やはり仕事とお金が一番の課題で。キャッシュフローをシミュレーションしたり、ファイナンシャルプランナーに相談したりした結果、今後自分がマレーシアで仕事をすればやっていけるとわかりました」

現地で転職するために英語の勉強をはじめ、渡航前にはTOEICで800点を超えた。しかし、英語の文章を読んだり、聞いたりはある程度できても、話すことは不自由だった。そこで、都内の英語学校に通って話す訓練を重ねた。

移住時期は「小学校入学前がベスト」

いつ移住するのが良いのか、子どもの視点でも分析した。取材ではアキフミさんがまとめた詳しい資料を見せてもらった。小学校前、小学校低学年、小学校高学年、中学校、高校、大学の時期に分け、利点と欠点を比較したものだ。

低年齢での移住は新しい環境に慣れるのが早く、英語への抵抗感も少ない。一方、成長すると移住に対する子どもの意思を確認し、決めることができる。ただ、欠点として英語に慣れるのに苦労し、仲良くなった日本の友だちとも離れづらくなると考えた。

「考える力」や「自分の意見を言う力」「英語の慣れ」など14項目について、子どもの成長段階に応じて評価。小学校入学前の移住がベストと判断した。

コロナ禍で現地での視察は難しく、学校の情報はインターネットやSNS上で知り合ったインターの卒業生らから得た。移住を支援するエージェント数社にも相談をしたが、ネットで調べればわかるような情報ばかりと感じ、学校とも自分で直接やり取りしたという。入学前に受けた学校のオンライン面接も、事前にどんな質問をされるのか調べてから臨んだ。「好き嫌いはありますか」「どんな本が好きですか」などと主に親に対して子どもの普段の様子を確認する内容だった。

検討をはじめてから1年半が過ぎた2022年7月、一家はマレーシアに飛び立った。

「日本経済の未来が明るかったら……」

日本で会社を辞めるとき、同僚から「退職するのはもったいない」と言われた。でも、そうは思わなかった。勤めていた会社は新しいことに挑戦しようとしても上層部の説得に時間がかかり、次から次へと入社してくる優秀な若手が活躍できる場も少なくみえた。

「マレーシアの経済成長を考えると、給料も増えていく。英語を習得し、海外で色々な経験を積めば自分自身の活躍の場も広がるかもしれない」

現地の仕事を仲介する日本の転職エージェントに登録し、求人サイトでも仕事を探した。日本でのキャリアを生かそうと応募した通信会社は不採用。最終的にアメリカ企業がマレーシアで運営するコールセンターに就職した。英語と日本語を使って仕事をはじめたばかりだが、年収は前職の半分以下に減る見通しだ。生活費は給料に加えて、都内にあった自宅の売却益や資産運用益などでまかなえる計算だ。

新しい自宅は2LDK（約90㎡）のコンドミニアム。プールやジム、駐車場がついて毎月の家賃は約8万円と日本の都市部の相場より安い。ただし、学費を除いて考えても、生活費は東京にいた頃と比べて約5万円下がる程度だという。

「野菜や肉は安いですが、牛乳や乳製品はオーストラリアなどからの輸入品が多く、高い。日本の醤油や味噌も日本で買う値段の約1・5～2倍はします。外食もローカルな屋台は1食300～400円で食べられる店もありますが、それ以外はそれなりにする。物価は移住の検討をはじめた2年前と比べると、だいぶ上がりましたね」

ただ、英語にも徐々に慣れ、学校生活を楽しむ長女の姿には満足している。

「授業は自分が受けたいくらい充実している。宇宙や惑星について学んだときは、学校の先生から話を聞くだけじゃなくて、NASA（米航空宇宙局）の元職員に話を聞いたり、博物館に行ったりした。風船を使ってロケットが進む原理も学んだようです。一つのテーマを色々な面から学び、最後は全校生徒の前で発表もして、娘は水星や金星についてわたしたちに英語で話してくれました。娘の関心を育んでくれている教育ですごく満足している」

移住して驚いたのは、日本人の多さだ。長女が通うインターには、幼稚園～高校で少なくとも約30の日本人家族がいて、同じクラスの子どもも半数ほどは日本人。駐在員の家族が多いが、教育目的で移住した家族もいる。移住後、教育移住を検討する日本人からの依頼でオンライン座談会を開いたこともあり、関心の高さを肌で感じた。

移住から半年が過ぎた。生活しづらいところももちろんある。歩道に段差が多く歩きづらいし、虫が多く、街中には不衛生なトイレも少なくない。世界でも治安が良い国とされる日本に比べれば安全面も不安だ。日本の外務省が公表している「マレーシア安全対策基礎データ」（2023年9月8日更新）によると、2022年のマレーシアの強盗届出件数は4589件で、発生率（人口10万人あたり）は日本の約15倍にのぼる。誘拐のリスクもあるため、子どもの外出時は親が付き添うのが普通だ。

「近くの公園に行くだけでも親が必ず付き添います。通学のときは一般的にスクールバスを利用するか、親が送っていくことが多いです」

それでも、長女の大学進学まではマレーシアにとどまるつもりだ。娘にはマレーシア国内に限らず、好きな大学に行ってほしい。その後、夫婦で日本に帰るかはわからないと言う。アキフミさんはこうつぶやく。

「日本の経済の未来が明るかったら、受けられる教育に満足できていたら、移住することはなかったと思う」

母子で移住、多様性も学ばせたい

母子で移住するケースも増えてきた。

2023年2月、東京から一組の日本人家族がマレーシアにやってきた。4歳の娘が通うインターを選ぶためだ。日本でプリスクール（注：英語主体で保育を行う未就学児向けの施設）に通う娘が卒園する来春、母子で移住する計画だという。

留学エージェントの案内で、マレー半島最南端にある街ジョホール・バルの学校を視察後、クアラルンプールの近郊に移動してきた。

この日、まず訪ねたのは国際的な教育カリキュラム「国際バカロレア（ＩＢ）」の認定校だ。探究型の学びで批判的思考などを身につけるもので、最終試験で一定の成績をおさめると国際的に通用する大学入学資格が得られる。

学校職員らは「ＩＢのインターのなかでは手頃な価格で最高の教育を提供しています」と家族にカリキュラムを一通り説明した後、教室や食堂など校内を案内して回った。

会社を経営する父親（35歳）は、「日本は経済が停滞し、人口減少も進んでいる。娘には日本にとどまらず、世界でチャレンジできる力を身につけてほしい」と話す。

マレーシアに決めた理由はまず、日本からの近さだ。飛行機で約7〜8時間の距離と比較的行き来しやすく、時差も1時間しかないので日本の家族とも連絡を取りやすい。子どもに学生ビザが出ると、付き添う親にもビザが発給されることが多いのも魅力だった。

マレー系や中華系、インド系らが暮らす多民族国家で、英語を日常的に話す人が多い。娘には言語や宗教、価値観などが異なる人が集まる社会で、多様性や違いを受け入れ、尊重することを学んでほしいという思いもあった。

かつてアメリカの大学で学んだ母親（35歳）は、マレーシアで得られる教育に期待を寄せる。

「日本の教育は先生が一方的に授業を進め、『一つの正解』が重視される。英語力だけなら大学留学でもいいと思うが、娘には教科書通りに覚えることを重視する日本の教育ではなく、色々な価値観を持つ人と一緒に学びながら、自分を表現する力を磨いてほしい」

小学生で単身留学「意見求められる環境で」

さらに、子どもを単身で留学させる家庭もある。九州地方の医療職の女性（41歳）は2023年2月、公立小に通う11歳の娘と一緒にマレーシアを訪れた。豪州式のインターに5日間体験入学し、新年度がはじまる24年1月から通うことを決めた。弟がまだ幼いため両親は日本にとどまり、娘単身での留学になるという。

マレーシアに決めたのは、学費や物価などを考えた「現実的な選択肢」だったからだ。小学1年生の夏休みに娘が1カ月間、短期留学したオーストラリアは、今回費用面で手が出なかった。マレーシアのこの学校はキャンペーン割引で、学費と寮費を合わせた年間費用は200万円弱で済む見込みだ。

女性は夫の転勤で関東から九州に移り住んだ。今の日本社会では出産や育児、家族の転勤で女性は人生を左右されがちになる。娘には自分とは違う教育を受けさせ、選択肢を広げてあげたいと考えている。

両親は英語が堪能なわけではないが、娘は九州で英語環境で学ぶ幼稚園などに通って力をつけた。卒園後もオンライン英会話や英語での読書を続け、海外の友人とも英語での日常会話には困らないという。「一人でも大丈夫」と留学を心待ちにしている様子だ。

娘の高校卒業まで、家族は別々に暮らす予定だ。女性は寂しさと同時に心配も尽きない。日本で波風立てないように生きるほうが楽かもしれないが、より自分の意見を求められる海外の教育環境で学ぶことが娘のためになるはずと考え、留学を後押しする。

「将来の仕事に結びつかなくてもいい。視野を広く持ち、自分の好きなことを見つけてほしい」

そう願って、一人マレーシアに渡る娘を見送るつもりだ。

英国名門インターナショナルスクールの姉妹校へ日本人が続々

マレーシアのインターが、多くの日本の親たちにとって魅力的な選択肢となっている現状を紹介してきた。日本に住む家族と離れて寮生活を送る子どもも少なくなく、単身留学も低年齢化が進む。

では、そのインターで子どもたちはどんな毎日を過ごしているのだろうか。

マレーシアの首都クアラルンプール。高層ビルが立ち並ぶ街の一角から、記者は配車サービス「Ｇｒａｂ（グラブ）」の車に飛び乗った。郊外を抜けると緑豊かな一帯が広がる。1時間ほどかけて到着したのは英国式カリキュラムのインター「エプソムカレッジ・マレーシア」だ。約20万㎡の広大なキャンパスで、3～18歳の約500人が学ぶ。

同校は全日・全寮制で、1855年創立の英国の名門エプソムカレッジ唯一の姉妹校。本校の卒業生で大手格安航空会社エアアジアの創業者らが、「エプソムのすばらしい環境をアジアに」と2014年にマレーシアに誘致した。

進む入学の低年齢化

生徒らの国籍は世界20カ国以上。運営会社のマーク・ランカスターCEO（最高経営責任者）によると、最多はマレーシア出身者だが、次いで多いのは日本人で全生徒の約15％

にあたるという。年々入学者の低年齢化が進んでおり、現在は5年生（日本の小4相当）の日本人生徒も在席している。

学費はマレーシアのインターのなかでも高い水準で、8年生（日本の中1相当）で寮費を合わせて年間450万円ほどかかるが、富裕層を中心に関心は高い。毎週のように日本からも入学希望者が視察に訪れ、記者が取材中も日本人家族1組とすれ違った。2023年1月に東京都内で開かれた学校説明会は急きょ増枠するほど盛況で、前年に同校で行われた夏キャンプではエアアジアが羽田発着の特別フライトを用意。参加者全体の約6割が日本人だったという。


8月末、約2カ月にわたる夏休みが終わり、新年度がはじまる。母国に一時帰国したり、現地でホームステイしたりしていた子どもたちも続々と寮に戻ってくる。

1〜6年生（5〜11歳）がプレップスクール、7〜11年生（11〜16歳）がシニアスクールに進む。その後、大学進学希望者は12〜13年生（16〜18歳）にシックスフォーム（高等教育進学準備教育課程）で学ぶ。英語が母国語でない生徒には英語補習コースも用意され、英語力に自信がない生徒にとっては安心できる環境だ。

充実の寮生活　インターで変わった自分

小川諒子さん（16歳）

現在11年生（日本の高1相当）の小川諒子さんは、4年前に東京の公立小学校からエプソムに留学した。日本では英語環境の民間の学童保育に通い、英検2級（高校卒業程度）も取得。だが、留学当初は先生の話は聞き取れても、自分の言いたいことを伝えられなかった。

「理科や歴史の授業は専門用語が多く、語彙が増えるまでは苦しみました」

1クラスの定員は最大25人と少人数で、教師の多くはイギリス出身だ。生徒らは大学のように科目ごとに教室を移動して授業を受ける。最初は幅広い科目を学ぶが、学年が進むにつれて、自分の関心や得意分野を見極めて重点的に学ぶ科目を絞り込むことができる。

入学当初は15科目学んでいた小川さんも、10年生からは必修科目（英語・数学・化学・物理・生物）と選択科目（世界史・仏語・ビジネス・アート）の計9科目に絞った。「先生が授けた知識を生徒が覚えるという日本の伝統的な教育とは違って、先生はファシリテーターとして生徒主導の学びや探究心をあおる学び、共同作業を通じた学びに重点を置いている」（職員）という。

小川さんはイギリスの義務教育修了資格試験の国際版にあたるIGCSEを控え、毎日夜遅くまで机に向かう。いつも寝るのは午後10時30分の消灯時間をだいぶ過ぎた午前0時頃。寮のプレップタイム（先生の監督のもとで学習する時間）だけでは勉強量が足りない気がして、自習を続けている。小川さんは前向きだ。

「机に向かっているときが一番充実しています」

手厚い教育体制　充実の寮生活

エプソムの学校生活は、まるでハリー・ポッターに登場する「ホグワーツ魔法魔術学校」のようだ。通学生を含む全生徒が「ローズベリー」「プロパート」などと名付けられた六つのハウス（寮）のいずれかに所属する。ハウスごとに紋章やイメージカラーがあり、制服のネクタイの色も違う。

ハウス対抗のスポーツ大会や音楽イベントも多い。創作演劇では、生徒らがパフォーマーや大道具、照明、音楽などの担当に分かれ、校内に整備された本格的な劇場で作品を披露して順位を競い合う。学校職員は「世のなかに出たら自分をどれだけ売り込めるかが重要だ。生徒たちが場数を踏め、いいトレーニングにもなる」と話す。

授業が終わると、生徒らは歩いて数分のハウスに戻り、シャワーや夕食を済ませる。学校職員は9割以上が敷地内に住み、各ハウスにはハウスマスターなどと呼ばれる教員らが住み込んで生徒の教育や生活支援にあたっている。ハウスの先輩が後輩の面倒をみるなど、それぞれのハウスが一つの家族のように過ごすのも特徴だ。

「フランス語の授業が最初は全然わからなくて、大泣きしたことがあったんです。寮の先生がその出来事を聞いていたようで、その日、寮に帰ってきたら親身になってわたしの話を聞いてくれて。フランス語もわかる先生だったので勉強にも付き添ってくれました」

寮の部屋は2人部屋や4人部屋、個室など年齢によって人数が異なる。

小川さんは今、韓国人留学生と同室だ。ここで過ごす日々が自分を成長させてくれていると感じる。

「わたしは人見知りで話すのは得意じゃなかったけど、はっきり物を言う彼女と一緒に過ごし、自分の意見を言えるようになった。英語でのコミュニケーション能力も上がりました」

週末は学校の近くにある小さな商店街に出かける。10年生になって3人1組であれば、生徒だけでも出かけることができるようになった。商店街で食事をしたり、コンビニでお菓子を買ったりするのがささやかな楽しみだ。家族とは週に1回程度、LINEで連絡を取り合っている。

多種多様なチャレンジで「暇を与えない学校」

敷地内にはラグビー場やクリケット場、10面のバドミントンコートといったスポーツ施設だけでなく、科学実験室や楽器練習室なども多数そろう。エプソムでは、学術的なことだけでなく、色々な経験を通じてバランスが取れた、「良識あるグローバル市民」の育成を目指している。

放課後の課外活動も、日本の部活とは違う。サッカーやスイミング、プログラミング、創作演劇など70～80種類の課外活動から選べるが、なるべく運動系、文化系で偏りなく、毎日、毎学期違うことに取り組むよう促される。新たな才能や生涯の趣味を見つけてほしいとの考えからだ。

生徒らは「この学校は生徒に暇を与えない」と話す。最高学年の13年生（日本の高3相当）で学ぶ嶋田湊大さん（17歳）も、プリフェクト（監督生）として生徒同士の文化交流を促す活動や新入生のお世話などを受け持っている。生徒のリーダー的な存在だ。

日本では都市部中心に中学受験が過熱。嶋田さんも留学前は東京の公立小に通い、小学

3年生からは中学受験のための進学塾に行きはじめた。

「でもやる気もなかったし、通っていた塾も好きじゃなかった。受験以外の選択肢もあるのではと考えるようになりました」

そんなとき、アメリカに留学経験があった会社員の母から留学を勧められた。2016年、小学5年生の夏にエプソムを見学し、そのわずか2カ月後に入学した。英語以外の授業はやさしく感じる一方、英語は当初アルファベットさえおぼつかない状態で苦戦した。翻訳アプリを使ったり、ほかの日本人生徒に助けてもらったりすることも多かった。しかし、寮生活で英語力は急成長したという。

「7、8年生のときは寮で4人部屋。自分の意見を伝え、相手の話を聞き取れるようにならないと『やばい』という環境だったので、英語力が上がりました。最初こそなにもわからず孤独を感じることもあったけど、みんな小さくて、ずっと一緒だったので、そこまで寂しい思いをすることはなかったですね」

将来の夢はまだ定まっていないが、イギリスの大学に進みたいと考えている。仕事の都合で一足早くイギリスで暮らしている母と弟の存在も、惹かれる理由の一つだ。

学校には国籍や宗教、文化が違う生徒たちが集まる。小学生からの単身留学に戸惑いはなかったのだろうか。

「早いうちに留学したので環境や文化の違いにも自然となじめたのだと思います。留学するなら早く来たほうがいい。日本語があやふやにならないように一定の年齢まで日本で過ごすのは大事だと思うけど、遅くなると英語に苦労する。僕にとっては小学5年生で留学したのはベストタイミングでした」

自分の強みを伸ばせる環境

新垣天啓《てんか》さん（17歳）

エプソム以外にも日本の子どもが通う学校は多い。

新垣天啓さんは2019年、大学教授の母親と一緒にマレーシアに教育移住した。21年夏まで母と暮らしたが、その後は単身留学をしている。現在はカナダ式インターの11年生（日本の高2相当）で学ぶ。日本では華僑《かきょう》学校で学び、中国語も堪能だ。

投資会社で役員を務める父は、日本の受験制度には否定的だった。幼い頃から息子の海外留学を検討していたという。留学先にマレーシアを選んだのは、自分の強みの中国語を伸ばせるうえに、英語も学べる環境だったからだ。母の研究が続けられる場所だったことも大きい。

毎朝、午前7時過ぎに学校の寮からスクールバスで登校する。午前8時から1コマ75分の授業と自習時間が計5コマ。必修科目に加え、会計やマーケティングなども学んでいる。

「授業はディスカッションやプレゼンが多いです。知識だけではなく、自分の考え方を問われる内容が多いですね」

放課後はバスケ部の練習に参加し、午後5時頃に寮に帰る。同じバスケ部のイラン人やパプアニューギニア人の寮生と仲が良く、午後10時の門限までは近くのショッピングモールに出かけることもある。

学校や寮の食事はベジタリアンやアジアン、ウェスタンの料理が提供され、好きなものを選べる。ただ、日本の米が食べたくて、帰りたくなることもあるという。

マレーシア留学で、自分が変わったところはあるか。そう尋ねるとこんな答えが返ってきた。

「日本にいた頃は自分の考え方が正しいと思ってピリピリすることもあったけど、留学して優しくなったかな」

たとえば、ヒンドゥー教徒が豚肉や牛肉を食べないように、国や民族、宗教、文化によってそれぞれ違う考え方があるということを理解できるようになった。多様な人が集まるマレーシアに来たからこそ、身についた感覚だと考えている。

「『日本人だから嫌いだ』と言われたことがありますが、他人のバックグラウンドの一部を切り取って人を否定するのは間違っている。相手の考え方や文化をリスペクトすると同時に、僕にも僕の考え方があるので、相手に否定されても筋が通っていると思えば無視する強さも持つことができました」

インタビュー 「中学受験」感覚になりゆく教育移住
日本の義務教育の「狭さ」とは

東京大学大学院　額賀美紗子教授

マレーシアに教育移住したり、子どもを単身留学させたりする親たちの間には、日本の教育に対する不安、不満が渦巻いていた。日本の教育はどう変わるべきなのか、東京大学大学院の額賀美紗子教授（教育社会学）に話を聞いた。

――教育のために親子で海外に移住する日本人は増えているのでしょうか。

ここ20年ほどで、日本人の間にも教育移住が広がっていると国内外の研究で指摘されています。特に近年は欧米やオーストラリアだけでなく、より安価に留学を実現できる東南アジアを目指し、中間層でも教育移住が増えている印象です。

受験戦争が熾烈《しれつ》を極める韓国では、2000年代初頭に爆発的に海外への教育移住が増えました。日本のように小学校受験や中学校受験が盛んではなく、大学受験に一点集中なので、教育の選択肢が少ないことも子どもが小さいうちから海外に出る理由の一つになっていると思います。さらに教育費の負担が大きいことも挙げられます。現状の日本は韓国ほどではないにしても、留学エージェントの増加に加え、テレワークやオンライン受験も可能になっているため、中学受験するような感覚で教育移住を選ぶ人が今後は増えるとみています。

——教育移住にはリスクもありますね。

わたし自身も小学生のとき、父親の仕事の都合で中東のインターナショナルスクールに通いました。異なる文化や言葉、気候など海外生活に適応するのは大変なことで、子どもの負担はとても大きい。どちらの言葉も中途半端になる可能性があったり、「自分は何人《なにじん》なのか」とアイデンティティーに不安を抱いたりもします。子どもとよく話し合って決めることが大事です。

教育移住で、子どもの未来が明るくなるかは未知数です。欧米の大学は狭き門ですし、日本に帰国しても英語が堪能だからといって就職できるとも限りません。教育移住で将来が保証されるわけではないことも、十分認識する必要があります。

母子移住の場合は、母親の負担も気がかりです。欧米の論文では母子移住によって父が稼ぐ人、母が世話する人と、性別役割分業が強化され、ジェンダー不平等につながっているという指摘もあります。

まだまだ画一的な日本の学校

——取材した親たちからは、日本の教育に対する不安、不満の声が目立ちました。

日本の公教育では、グローバルに生きるうえで必要な教養やスキル、共通言語である英語の能力を育てる力は弱いとも感じます。

2020年にはじまった小学校での英語の必修化も、文法重視の反動から会話重視に振れていますが、やはり英語のフレーズの機械的な反復学習が多く、なぜ英語を学ぶ必要があるのかということを子どもが実感できるような内容になっていないように思います。小学校段階では、もっと英語を学ぶ動機を大切にして、多文化理解や国際理解とセットになった英語教育を大切にしてほしいです。

教育理念は「多様化」に向かう傾向がみられますが、学校現場はまだ画一的で子どもの多様な声やニーズを受け止められているとは思えません。

一方、国際的には日本の教育レベルは高く、良いところもたくさんあります。日本の学校の良さは、協同的な作業が多く、お互いの関係性を大切にしながら先生が一人ひとりをケアしてくれるところ。問題点ばかりがクローズアップされ、親が過剰に不安になっている面もあると思います。

「オルタナティブ」の必要性

――不登校の子どもたちも増えているなか、日本での学びの選択肢を広げる必要性についてはどう考えますか。

日本は国が認める「学校」ありきで、教育の選択肢が少ないのが現状です。保護者には子どもに小中学校9年間の教育を受けさせる「就学義務」がありますが、学ぶ場所は学校教育法第1条で規定されている「一条校」（注：公立私立を問わず、学習指導要領に基づいて指導を行う一般的な学校のこと）に限られています。オルタナティブ教育とよばれる、民間のフリースクールや一部のインターナショナルスクールなど、それ以外の教育機関で学ぶ場合は、原則として一条校に籍を置かないと就学義務を果たしたとは認められていません。

2017年施行の教育機会確保法で、民間のフリースクールなどでの多様な学習機会の重要性は認められましたが、公教育との認定にはいたりませんでした。多くのインターナショナルスクールや外国人学校、ホームスクーリング（注：学校に通学せず、自宅などで学習を行うこと）も公教育ではありません。

――どのように変えていくべきだと思いますか。

(フリースクールなど、国が認める学校以外の)「オルタナティブ教育」が公教育の範疇《はんちゅう》になっていないため、「学校に行かなければいけない」というプレッシャーはいまだに強いと思います。しかし、子どもや親の多様なニーズを、国が認めている学校教育だけで満たすのは不可能です。

日本の学校が合わない場合、経済的に余裕がある家庭の子どもは海外への教育移住や単身留学などを検討できますが、そうでない場合は子どもたちの選択肢は狭いままです。日本でもオルタナティブ教育を公教育に含め、すべての子どもの教育を保障するよう進めてほしいと思います。

――海外の状況はどうなっているのでしょうか。

世界的にはオルタナティブ教育を公教育に含めようとする流れは強く、アメリカではホームスクーリングはすべての州で就学義務の免除として認められていますし、イギリスやフランスでも家庭で義務教育を行うことは認められています。

グローバル化で海外を行き来する日本人に加え、労働力不足を背景に今後来日する外国人も増えていきますので、日本人、外国人ともに子どもや親から色々なニーズがさらに噴出するはずです。

そのなかには、オルタナティブな教育を選択すること自体が難しい家庭もあります。教育選択というのは親の時間や労力や知恵を要するからです。そのことを考えると、教育の選択肢を増やすと同時に、やはり従来の学校をより包摂的な場にしていく取り組みが非常に重要だと思います。海外では障害のある子どもも一緒に学ぶインクルーシブ教育が広がりを見せています。日本でも、インクルージョン（包摂）を理念的な柱にしながら学校を再構築していく取り組みがもっと増えるといいと思います。

――国内ではインターナショナルスクールの創設が相次いでいます。

子どもの教育にお金をかけられる層が増え、数少ない子どもに教育投資をして、より有利な将来に導きたいという親の意識はますます強まっています。グローバル志向の富裕層のニーズを受け、これから一層増えていくのではないでしょうか。

子どもをバイリンガルに育てようと中国語で学べる中華学校のような外国人学校を希望する日本の家庭が増えていると聞きます。しかし、日本国籍の子どもの場合、希望する学校によっては教育委員会から「就学義務の履行になりません」と念押しされたり、高校受験時に受験資格がないと言われたりするリスクもあります。
親の経済力にかかわらず、すべての子どもたちの学習権を保障して個々の声を大事にできるように、日本も多様な学びの場を認めていくべきです。ただし、教育の質を担保することが必要です。また、従来の学校との行き来が難しい分離教育になることは避けるべきで、すべての子どものインクルージョンを目指す柔軟なシステムを整える必要があると思います。

ぬかが・みさこ／東京大学大学院教育学研究科教授。カリフォルニア大学社会学部博士課程修了（社会学博士）。専門は教育社会学、比較教育学。主な著書に『越境する日本人家族と教育』（勁草書房）、共著に『働く母親と階層化』（同）など。

海外生活がバラ色とは限らない　教育移住、親の志に潜む「落とし穴」

マレーシアの教育移住の実例をいくつか見てきたが、彼ら彼女らは大学進学以降はどのような学びを重ねるのだろうか。卒業生やその親たちとともに、教育移住の実情を追った。

インターで文武両道を実現し、医師の道へ

高見洸世《ひろつぐ》さん（19歳）

「自分がこれまでに経験したことがないことにぜひ挑戦してください」

2023年、東京都内で開かれた母校の学校説明会にオンラインで登場した高見洸世さんは、参加した親子連れにこう呼びかけた。高見さんは前述のエプソムカレッジ・マレーシアの卒業生だ。

2022年にエプソムを卒業。現在は医師を目指してカナダのトロント大学で学ぶ。大

学受験では6カ国25大学から合格通知をもらい、学費や生活費、奨学金の条件を比べて今の大学に決めた。

「大学生活は忙しいけれど、毎日新鮮で楽しいです。まわりの学生は勉強だけでなく、社会貢献の活動を自発的にしている人が多くて刺激を受けています」

卒業した学校からは手厚い進路指導を受けた。早くから将来の仕事や大学について多くの情報をもらい、各大学が求める人物像や勉強すべき教科などの基本的な情報だけでなく、論文添削や面接の練習、学業以外に準備すべきことなども丁寧に教えてくれた。高見さんが目指した欧米の大学は日本の大学よりもはるかに、勉強以外にどんな活動をしてきたのかが問われた。

「特に医師を目指すコースは競争率が高いので、学内外でどんな活動をすれば選考で優位に立てるのかなど先生が一緒に考えてくれました。スポーツや音楽などその子が得意な分野でどんどんタイトルを集め、医師に必要とされるリーダーシップやコミュニケーションスキルがいかにあるかを大学側にアピールするんです。早い生徒だと10〜11年生（14〜16歳）からそうした進学準備をはじめていると思います」

性格が変化「自分でも驚くほど」

もともと人と話すのが苦手で、誰かと友だちになるのにも時間がかかるタイプ。スポーツも嫌いだった。マレーシアに留学したのは11歳のとき。日本で会社を経営する母親は、日本の教育とは別の選択肢を希望していた。「マレーシアに行ってみない？」と母親に誘われ、1年程度の短期滞在のつもりでマレーシアに渡った。

「母も僕もマレーシアが気に入って滞在期間がどんどん長くなり、結果的に18歳まで暮らしました。大きな決め手は、食べ物が美味しく、物価が安いこと。それにマレー系、中華系、インド系それぞれの民族の行事があったり、彼らが話す英語以外の言語に触れられたりする環境もいいなと思いました」

最初に通ったのはジョホール・バルにある米国式のインターだった。日本人留学生が多く、英語力が伸び悩んだことから、首都クアラルンプールから車で1時間程度の場所にあるエプソムに9年生で転校。母が9年生の途中で日本に帰国し、学校のハウス（寮）で暮らすようになった。音楽やスポーツなどのイベントが多く、ラグビーや演劇など未経験でも積極的な参加を求められた。学校側の狙いは様々な活動を通じて生徒の可能性を広げることだ。最初はとりあえずみんなについていく感じだったが、高学年になると下の子の面倒をみたり、チームを率いたりする機会が多くなった。

「(10代前半の)下級生のジュニアが暮らすハウスではケンカは日常茶飯事。僕が13年生のときは、歴史問題なんかをめぐって日本人と韓国人がよくケンカになっていて、仲裁や通訳のためジュニアが住むハウスに夜中呼び出されたこともありました」

留学前はあいさつ程度しか話せなかった英語力も磨かれ、最終学年の13年生ではハウス対抗の演劇コンペティションで主役に抜擢された。IGCSE(イギリスの義務教育修了資格試験の国際版)で優秀な成績をおさめたことで、12、13年生は本来なら年間480万円程度する学費と寮費も大幅に減額された。今は大学の水泳部でキャプテンとしてチームを引っ張っている。

「マレーシアに留学して最初の半年ほどは英語がわからずまわりとしゃべることもできないし、授業にもついていけませんでした。でも、転校したエプソムがとにかく色々なことにチャレンジさせてくれる学校だったので、イベントを通じて友だちがどんどん増え、英語もできるようになった。自分でも驚くほど外交的な性格に変わりました。勉強面でも授業でわからないところがあると先生が寮に来てマンツーマンで教えてくれたり、メールで質問するとすぐに返信をくれたりして、さらに学力を伸ばせた。入学していなかったら今の自分はいないと思います」

日本にいたら子どもは失敗していたかも

ユキコさん（50代）

2006年に娘たちとともにマレーシアに移住したユキコさんは「こっちの学校が100%素晴らしいわけではない。でも日本にいたら子どもがこんなチャンスをつかむことはなかっただろうし、マレーシアに来たから次女の素質を100%活かせた」と話す。

夫と死別し、幼い娘を連れて移住した。日本にいても美容師の自分が働けば生活はできたが、その先の人生を想像すると「なんだか普通過ぎてつまらない」と感じた。テレビ番組で紹介されていた「余裕のある暮らし」に憧れてマレーシアに渡った。当初は日本人駐在員の髪を切るなどしていたが、知人に紹介された写真素材を扱うストックフォトサービスの会社に就職し、長年働きながら3人の娘を育ててきた。

長女（25歳）がマレーシアに来たのは小学1年生のとき。最初の数年間は現地の私立校に通って、英語やマレー語で授業を受けた。その後、学校が併設したインターに半年ほど通ったものの、値上がりした学費を払いきれず、途中でホームスクールに転校。年間の学費はインターの半額程度の30万〜40万円に抑えられた。マレーシアでは公立や私立の学校に加えて、ホームスクールという選択肢も一般的だ。家庭で教材などを使って学ぶケースもあれば、ユキコさんの長女のように小規模な塾のようなところに通って学ぶケースもある。

「国の認可を受けていないというだけで、各学年に2クラスあって、先生たちが授業をしてくれました。理科室や音楽室といった設備も整っていたので普通の学校と変わらなかった」

長女が今暮らすのは日本だ。英語で講義を受けられる日本の大学を卒業後、公認会計士として働いている。海外生活が長かったため以前は日本語を話すことはできても、読み書きはあやふやだった。それでも、大好きな日本での就職を目指して猛勉強。難関の公認会計士試験で合格をつかみ取り、日本語と英語を駆使して活躍の場を広げている。

一方、次女（23歳）はマレーシアの大学を卒業し、台湾に留学中だ。将来は観光業の仕事に就くことを目指して、中国語を勉強している。

次女は長女と同じホームスクールに通っていたが、国語や理科などの勉強が嫌いだった。そこで苦手科目を捨てて、英語、マレー語、数学の3科目に絞り、IGCSEに向けて通塾しながら主に自宅で学習を続けた。15歳でIGCSEを取得後は、マレーシアにある私立大のディプロマコース（短大相当）に16歳で進学。首席でコースを修了後、学士課程に編入した。

「次女はマレーシアにいたからこそ嫌いなことをすっ飛ばして、マーケティングなど興味があることを学べる環境を選べた。結果的に『自分は勉強できないわけじゃないんだ』と自信につながり、学びのスイッチが入った。日本だったら勉強嫌いのまま、失敗していたかもしれない」


長女と次女はすでに親元を離れており、女性は現在、中華系マレーシア人との間に生まれた三女（11歳）と暮らす。三女は中華学校に通っており、英語や中国語が堪能だ。公立のため年間の学費はわずか4000円弱という。母娘で道を切り開いてきたユキコさんは、自身の苦労を明るく笑い飛ばす。

「貧乏は強いのよ。少しぐらい嫌なことがあっても逃げ道がないから踏みとどまれる」

親の志だけでは成功し得ない教育移住　ＡＣＴ教育研究所　坂本博文所長（59歳）

一方、教育目的で海外移住した後、大きな壁にぶつかる家族も少なくない。

インターに通う日本人生徒向けに英語や数学の指導を行うクアラルンプールの学習塾「ＡＣＴ教育研究所」の坂本博文所長は、塾講師としてマレーシアに渡った約35年前から、多くの日本人親子を見てきた。

あるとき、塾生ではない少年と親が「行き先がなくなった」と相談に訪れた。少年は英国式のインターに通う18歳。英語力が低かったため学年を落として入学したものの、ＩＧＣＳＥを18歳時点でも取得できていなかった。インターに通う生徒が学生ビザを取得できるのは18歳までだ。坂本さんが相談を受けたときには打つ手がなく、少年は日本に帰国していったという。

「こちらの学校は、良くも悪くも本人任せ。保護者の志は高くても子どもの気持ちがついていかないこともある。学校から連絡が来たときは、手遅れということもあるので注意が必要だ」

欧米などの英語圏より留学費用が安く、多民族国家のマレーシアは、子どもが多様性に触れながら英語を学べる国として日本人の関心も高く、早期留学の傾向が進んでいる。

坂本さんはそうしたメリットは認めつつも、早い段階で留学することによって、日本のことを理解していないまま成長したり、日本語の読み書きが満足にできなくなったりするデメリットも指摘する。英語ができる人材なら世界にたくさんいる。武器となる日本語まで蔑《ないがし》ろにしてしまうのはもったいないという懸念もある。

日本の少子高齢化や経済の先行きに対する不安、画一的な公教育への不満などを背景に日本から移住してくる人々。取材の終わりに、坂本さんはこうつぶやいた。

「教え子も親の駐在で来る事例ばかりではなくなった。日本を離れて長くなりましたが、わたしが知っている日本とは変わってしまったのかもしれません」

現地で取材した生徒や保護者、学校職員からはほかにも、「勉強はできたけど、生活習慣になじめず帰った後輩がいた」「こちらの学校でも不登校になった生徒がいた」「英語ができない親が頼り過ぎて精神不調になった子がいた」といった話もよく耳にした。

また、教育目的でマレーシアに一家で移住しても、現地企業で働きながら生活を維持することは簡単ではないという。現地の人材紹介会社の社員は、教育移住を目指す日本人の就労事情について、次のように明かす。

「転職を希望する日本人の一定数は教育移住が目的。ただし、英語力や特別なスキルがないと得られるのはコールセンターなど一部の仕事に限られる。日本より給料水準は低いので、『これではインターの学費が払えない』と企業から内定をもらった後に移住をやめた人もいた」

上智大学の久志本裕子准教授（マレーシア研究、比較教育学）は教育移住の盛り上がりについて、新しい教育の選択肢としての役割を評価しつつも、英語で教育を受けると「自由に発想できる」「自分の意見を持てる」といった安易な考えが広まっていると警鐘を鳴らす。数カ国語を話せても、高度な内容や抽象的な概念を理解できない学生も実際に見てきたため、思考力を高めることに重点を置く必要性を感じている。

久志本准教授はマレーシアの大学に勤務した際、自身も子どもをインターに通わせた経験がある。子どもは小学1年生から小学3年生まで英語で教育を受け、英会話はできた。一方、英文法や英語の文構造に対する理解は乏しく、読み書きは不十分だったという。

「インターに通うだけでは、子どもに英語力はつかない。進学実績を重視する学校のなかには、勉強ができない生徒を手厚くケアしないところもある。子どもに障害がある場合、日本であれば受けられる医療へのアクセスが難しいといった問題もある」

海外に教育移住をして環境を変えたからといって、必ずしも子どもの未来が開けるわけではない。海外の教育が我が子に合うとは限らず、リスクを含めて親子でよく考える必要がある。

マレーシアが人気のわけ　多様な学び場と手の届きやすさ

「我が子に多様な選択肢を与えたい」「可能性を広げてあげたい」。こう考える親は少なくないだろう。少子高齢化が進む日本の経済成長力に対する不安や、画一的とされる日本の公教育への懸念。経済的に余裕がある場合には、東京や千葉、岩手、広島など全国で創設が相次ぐインターも選択肢に入ってくる。英語も学べる海外の教育に魅力を感じる人は多く、子どもと一緒に海外に教育移住することを選ぶ家族も増えている。

記者（平井恵美）が情報収集をはじめると、以前から日本人の留学先として人気の欧米やオーストラリアに限らず、近年はマレーシアに渡る家族や子どもたちが多くいることに気がついた。SNS上でも、「来月から4歳の息子と教育移住します」などと投稿し、マレーシアの情報を求めている人も目立った。マレーシア政府は学生ビザの取得件数などを公表していないが、いくつかの留学支援会社を取材してみると、マレーシア留学熱は近年高まっているという。

コスパの良さ、多民族国家の魅力

その一つ、クアラルンプールの留学エージェント「ルシュエット」によると、日本人からの相談はここ数年、前年比で約50％増の勢いで増加。新型コロナウイルス感染症による入国規制が緩和された2022年の春以降は、毎日5～10件の新しい相談が寄せられているという。マレーシアが人気の理由はなんなのか。同社によると、英国式や国際バカロレア、豪州式、米国式など150超のインターがあり、学費は年約50万～350万円と欧米留学に比べて約3分の1で済み、手が届きやすい。中村妙子代表は、子どもをグローバル人材に育てたい、という親の願いをかなえやすい場所と話す。

教育移住した人たちや検討中の人たちが語る魅力は、費用面だけではない。マレー系や中華系、インド系らが暮らす多民族国家で、英語を日常的に話す人が多く、多様性についても肌感覚で学べること。欧米に比べて日本と距離的に近く、子どもの留学に付き添う親にもビザが発給されやすいこと。そして、物価が比較的安く、生活費を抑えられることも選択理由として挙がった。

不登校に悩む親のニーズも

マレーシア留学を支援するウェブメディア「ワクワク海外移住」によると、日本人家族からの相談のなかで一定数を占めるのが、不登校や発達障害の子どもを育てている親たちだという。運営する佐藤ひとみさんは、自身も子どもを連れて移住した母親だ。

「日本の学校では、上も下もちょっと飛び出した杭は打たれる印象です。ここは多民族国家で、そもそも多様性を受け入れるマインドを持っている人が多い」

2022年度の文部科学省の調査によると、不登校の小中学生は約29万9千人（前年度比22％増）で過去最多だった。小中高でのいじめの認知件数や暴力行為の発生件数も過去最多を記録している。

マレーシアの教育情報などを発信する文筆家、野本響子さんのもとにも不登校に関する相談が多く寄せられるという。

「日本でこれだけ不登校の子どもたちが増えているのは、今の教育が時代に合っていないからだと思います。好奇心がすごく強いなど個性を持った子にとって、日本の画一的な教育は合わないのではないでしょうか」

野本さんは家族と2012年にマレーシアに渡った。移住のきっかけは、日本の公立小に通っていた長男が登校を嫌がるようになったことだった。小学1年生の終業式が終わると、野本さんは家族で渡航。長男は日本人学校や英国式インター、ホームスクールなどを経て、国際バカロレアのインターに進んだ。現地では転校は珍しくないといい、日本の学校を含めるとこれまでに9校に通った経験がある。

野本さんによると、自宅など学校以外の場所で学ぶホームスクーリングもマレーシアでは教育の一つのかたちだと広く認められ、「不登校」という言葉自体が存在しないという。

「すべての人に教育移住をお勧めすることはできません。わたしは、今の学校が楽しければ、そのままでいいと思う。ただ、日本の学校が嫌だとか、合わないというのが出発点であれば、別の世界を検討してみてもいいのではないでしょうか」

モザイクのような街

教育移住の実態を探るため、2023年2月にクアラルンプールを拠点に日本人が多く通うインターや日本人家族らを約5日間取材して回った。高層ビルが立ち並ぶ街の中心部には、ユニクロや無印良品など日本企業の店も多く、訪れた大手スーパーには日本の調味料やお菓子が棚一面に並んでいた。冷凍だが日本メーカーの納豆もあった。オクラやエノキ、鶏むね肉などのなじみ深い食材も手頃な価格で手に入る。和食レストランやラーメン店なども点在し、場所によっては東京とさほど変わらない生活ができそうに見えた。しかし、ものによっては安さを感じられないものもある。乳製品や卵などは記者が東京のスーパーで買うものと同程度か、高いくらいの値段がついていた。現地で暮らす日本人からは「物価は日本の3分の1と言われた時代もあったみたいだけど、今では上がってしまった。思ったほど安くは暮らせない」という話も聞いた。

日本と決定的に違うのは、行き交う人々の様相だ。様々な民族や宗教、言語などが違う人々に囲まれ、記者も自分が外国人であることを意識せず、モザイク模様の一部として街に溶け込んでいるような感覚に陥った。共通言語として英語が使われ、訪れたカフェや本屋の店員も、タクシーの運転手もみな英語で接客していた。床が水浸しのトイレに遭遇したり（用を足した後に水で洗い流す習慣がある）、車社会のため朝夕の移動時は酷い渋滞に巻き込まれたりもした。東京のように公共交通網が発達しておらず、道を歩けばでこぼこした舗装に目がいく。ここで家族と長期で暮らすとなれば気になるのかもしれないが、短期の滞在中は特段の不便を感じたことはなかった。もちろん、自分の身を守るための最低限の防犯や注意は必要だが、実際に現地に足を運んでみて、クアラルンプールが日本人の教育移住先として人気があるのも納得ができた。

不登校の子どもを連れて移住したある日本人の母親の言葉が印象に残っている。

「民族や宗教、言葉、生活スタイルもバラバラだからこそ、お互いに干渉しないことが暗黙の了解になっている。この国に来て足並みをそろえなくてもいい、自分の好きなことをしてもいいということがわかって、子どもは楽になった」

野本さんも、「他人をいちいちジャッジしなくていい、1番になる必要もないし、焦る必要もないと気づいたとき、子どもは大きな学びが得られる」と話す。

現地で取材した日本人の子どもたちは生き生きとしていた。世界各国から集う友人らと真剣な表情で議論をしたり、カフェテリアで冗談を言い合ったり。若い頃から海外で視野を広げている彼らを頼もしく感じる一方、複雑な思いを抱いた。海外への教育移住や単身留学を選べるのは、経済的に余裕があり、親が情報収集や手続きなどに積極的な一部の家庭の子どもたちだけだからだ。とりわけ、現在進行形で日本の学校に違和感を抱いて苦しんでいる子どもたちへの思いが募った。民間のフリースクールなどでの多様な学習活動の重要性は近年認められたが、教育の選択肢はまだ少ないのが現状だ。

記者の長男もこの春、公立小学校に入学した。彼の目に日本の学校はどう映るだろうか。

一人ひとり違う個性や才能を持った子どもたちが自分の居場所を見つけ、のびのびと育っていけるように、学びの選択肢を広げ、子どもの声を尊重できる社会に変わっていく必要がある。

記者も我が子が楽しく学べる場所を一緒に探していきたい。

第4章

「自分が自分として生きていていいんだ」

――ジェンダー後進国を出た理由

カナダで生きることを選んだゲイたち

「日本が恋しい。でも今は無理」

山村健司さん（46歳）

広大なオンタリオ湖のほとりにある、カナダの最大都市トロントの市街地は年1回の熱気に満ちていた。高層ビルや煉瓦造りの建物が立ち並ぶメインストリートは、レインボーフラッグを掲げる人々であふれかえっていた。大音量の音楽と歓声が入り交じるなか、色とりどりの衣装に身を包んだドラァグクイーンたちが踊っていた。

2013年6月。山村健司さんは、トロントで毎年開かれる、性的少数者らの祭典「プライド・パレード」をはじめて訪れた。北米で最大級とされるパレードの盛り上がりは圧巻だった。なにより驚いたのは、ドラァグクイーンたちとともに、小学生くらいの子どもたちが歩いていたことだ。

「日本ではあり得ないですよね。自分の受けてきた教育はなんだったんだろうと思いました。カナダでは子どもの頃からこうした教育を受けてきた人たちが、大人となり、社会の担い手となっているんです」

ゲイやレズビアン、トランスジェンダーといった性的少数者の子どもを持つ親たちの姿もあった。「自分の子どもを誇りに思う」と書かれたボードを高々と掲げていた。

「日本で暮らす自分の親が、同じようにボードを持っている姿を想像すると、それだけで膝が砕けるような衝撃を感じました」

もう自分を偽らなくていいんだ。自分が自分として生きていいんだ。そうした思いがあふれ、いつのまにかほおを涙が伝った。

「ばれてはいけない」、幼少期から偽り続けた自分

1977年、茨城県水戸市で生まれた。物心ついたときには、本当の自分を押さえ込んで生きていた。

幼稚園のとき、好きになったのは同じクラスの男の子だった。「お気に入りの女の子はいるの?」と大人たちに聞かれると、適当な女の子の名前を出してごまかした。

「なんとなく、(男の子が好きなことが)ばれてはいけないということを感じ取っていました。テレビ番組でも『おかまキャラ』が出ると、みんな『ひゃー』というようなリアクシ

ヨンをしますよね。そんな構図みたいなのがあるのを子どもながらに感じていました」

この「ばれてはいけない」という気持ちは、年齢を重ねるうちに確信へと変わっていった。家庭の事情で転校した熊本県内の小学校では、「ホモは気持ち悪い」と口にする同級生の男の子がいた。学校の先生でさえ、同性愛者をバカにしたようなことを言うこともあった。

小学校高学年になると、自分が他人と違うことをはっきりと自覚した。そして、その原因は「男の子が好きだから」。そう考えるようになった。

「こんな人間は九州に自分しかいないと思い込んでいました。病気じゃないかと自分を疑ったこともあります」

同年代の男の子とは話が合わず、女の子のグループのほうが一緒にいやすかった。「女の子のほうが少し大人ですよね。わりと受け入れてくれました」。だが、いつも女の子と過ごしていることが、周囲の男の子には、女の子と仲良くしようとしているように映ったようだった。「女たらし」と呼ばれ、いじめの原因となった。

一番つらかったのは、家族の前でも「ゲイ」ではない普通の男の子を演じ続けなければならなかったこと。「家族は一番近い存在。油断したら話してしまいそうでした」。学校から帰っても、気の休まる時間はなかった。「魔法の天使クリィミーマミ」や「魔法のプリンセス ミンキーモモ」といった女の子が好むアニメを本当は見たかったが、自分からは言い出せない。妹が見るのを口実に一緒に見るようにしていた。

親しくなるほど罪悪感が募り仕事を点々と

熊本県の工業高校を卒業後、古着の輸入販売の仕事に就いたが、2年ほどで辞めた。その後は、工事現場や飲食関係のアルバイトなどを数年ごとに渡り歩く生活が続いた。自衛隊に入ったこともあった。

仕事を転々としたのは、職場の同僚と親しくなるほど、周囲に自分を偽らざるを得ないことへの罪悪感が強まるというジレンマに陥ったからだ。

「距離が近づけば近づくほど『彼女いるの？』とか聞かれて、偽らないといけなくなる。職場の居心地が良くなる頃には、出て行くという繰り返しでした。ゲイだとばれそうになって辞めたこともありました」

親しくなると、厚意からスナックやキャバクラへと連れて行かれ、女性を紹介してくる人もいた。だが、山村さんにとっては苦痛の時間だった。

交際するのも難しかった。30歳の頃、ある男性と数年つきあったことがある。だが、それでも、常に意識していたのは、人前では男友だちの距離を保つこと。駅では電車を待つときもあえて1人分のスペースをあけて、関係がないように装った。映画館ではカップルのように寄り添いたかったが、まわりを意識して、そうはしなかった。「絶対に周囲にばれたくない」という相手からの強い希望もあった。

「男女のカップルと一緒で、僕たちも手をつなぎたいわけですよ。だけど、絶対にできなかった」

カナダだから手にできたパートナーとの「結婚」

カナダへの渡航を決めたのは2013年、36歳の頃だ。カナダに渡った友人から「飲食店の仕事を手伝ってほしい」と言われたことがきっかけだった。カナダについてはほとんどなにも知らず、「ゲイフレンドリー」の国だということをゲイ仲間の「噂」として聞いたことがあるだけだった。

それでも一念発起して、カナダに渡ると、すぐに日本との違いに気づかされた。街中には、男性同士が子どもを連れて歩く姿が当たり前のようにあった。日本では、いつも「男友だち」を演じていたことを考えると、信じられない光景だった。ゲイであることを打ち明けても平然と受け入れられた。

「自分の苦しみはなんだったんだろうか。日本であんなに悩む必要がなかったと思いました」

1年ほどレストランで働いた後、ビザの関係で帰国。だが、自分をオープンにできるカナダでの暮らしを知っただけに、自分を偽らざるを得ない日本での生活はこれまで以上に「地獄」のように感じた。カナダでつくった人脈をたどり、2015年に再びトロントに戻ることにした。

今度は、新規出店したラーメン店の店長を任された。地元のテレビ番組で取り上げられるほどの繁盛店となり、大忙しの毎日が続いた。

そうしたなかで、2016年、ある男性とつきあいはじめた。客として訪れたカナダ人の男性だった。お茶などを重ねるうちに、意気投合した。「言葉にしない思いも読みとろうとしてくれ、心配りのできる人だった」。店で寝泊まりすることもあるほど仕事は忙しかったが、週末の夜にともに過ごすなどして、2人の時間をなるべくつくるようにした。

一方で、山村さんは大きな問題も抱えていた。2人で暮らし続けるため、カナダに残りたかったが、就労ビザでは滞在できる期間が限られていて、永住権を取得する必要があった。そのためにはカナダの審査を通らなければならないが、英語がなかなか必要なレベルに達しなかった。

もともと日本では英語を使う仕事に就いたことがなく、カナダに来てすぐの頃は「ABCがわかる程度」だった。IELTSのスコアは、最高スコア9・0に対して最低の1・0。知らない言葉はすぐに調べることを習慣づけるなどの猛勉強で、5・0ぐらいまで伸ばしたが、それ以降は伸び悩んだ。

自力で突破するのは絶望的な状況のなかで、残されていた選択肢は限られていた。結婚だ。カナダでは2005年から全土で同性婚が認められた。もしくは法的にパートナー関係が認められる制度「コモンロー」を結べば、永住権を取得できる。それでも自分から言い出すことはしなかった。永住権が目的で結婚を望んでいるとパートナーに思われたくもなかったからだ。

パートナーに相談せずに、自力での突破を目指すことにこだわった。相手も、山村さんが勉強をしていても、「自分の力でがんばれ」という姿勢だった。

しかし、ある日、自宅で英語の勉強をしていると、パートナーがその様子をのぞきこんできた。だが、その日は山村さんのテキストをじっくり眺めると、こう言った。

「こんなに難しい問題だったのか。君はこのままでは日本に帰らないといけなくなるかもしれない。考えていたんだけど、結婚しよう」

突然のプロポーズに、山村さんの心のなかは喜びであふれた。

「もちろん、うれしいです」

その場で即答した。

内心はパニックになるくらいうれしかったが、昔から感情を押し殺してきただけに、その喜びを素直に表現できなかった。

「僕のいけないところですね。大人になっても自分を隠してしまう。もう少し喜びを表現できたら良かったのですが……」

2018年12月、2人は法的な関係を認められる「コモンロー」を結んだ。「コモンロー」を選んだのは、日本にいる母親にゲイであることを明かしておらず、そのまま結婚することにためらいを感じたからだ。母親が2人の関係を受け入れてくれるかどうか自信も持てず、「コモンロー」を結んだことも報告はしなかった。

だが、数カ月後、日本にいる母親からこんなメールがきた。

「お母さんは結婚したのは知りませんでした。いつ彼に会えるの？」

SNSで新婚生活の様子を投稿してきたことで、母親にも間接的に生活が伝わったようだった。そしてなによりうれしかったのは、母親が「彼」と呼び、その関係を認めてくれたことだった。これまで偽り続けてきた自分を、少しさらけ出せたようにも感じた。

日本に帰りたい気持ちがないわけではないが、パートナーと生活を続けるならカナダを選ぶ。日本に帰れば母親にも会えるし、食事も美味しい。だが、2人の関係は法律上では他人同士になってしまう。

「日本は恋しいですが、今のままでは無理です」

日本社会もいずれ性的少数者を受け入れられる社会に変わると信じている。

「日本には相手の立場に立って考え、敬う文化もあるからです。今はまだまわりの目を意識して、なかなか行動に移せない人が多いですが、あっという間に人権先進国に近づける素質があると思います。理解が進めば、ものすごいスピードで広がるはずです」

法的に保証されている安心感

2023年10月15日、山村さんのパートナーが心筋梗塞で亡くなった。

突然の出来事に、「ようやくできた家族を失ってしまった」と、悲しみのどん底に突き落とされた。そうしたなかで、「コモンロー」で結ばれていた意味もあらためて受け取れた。法的にパートナーとして認められているため、彼が契約していた賃貸マンションの部屋にも住み続けることができ、パートナーがもらうはずだった年金も遺族として受け取ることができた。ゲイであり、パートナーがいることを周囲に明らかにしていたことで、職場でもパートナーを失ったと伝えると、上司からは「落ち着くまでは休んでいい」と配慮され、1カ月ほど休めた。

「愛する人を失うのは、自分が消えてなくなりたいほどのショック。でも、日本ではそれを表現すらできない人も少なくない。家も追い出され、葬式に参加できないこともありますよね。残酷すぎませんか。カナダでは、ひどく悲しい感情とともにやらなければならないことが多くありますが、色々なサポートを受けられることで、前に進むきっかけにもなります」

山村さんはこれからもカナダで暮らす予定だ。

「彼は、日本を脱出してきた僕の気持ちをくみ取って、カナダで暮らすためのレールを敷いてくれた。そのレールに沿って生きられるなら僕はそういたい」

日本の社会制度は、性的マイノリティーがいることを前提につくられているとは言い難く、今のままでは山村さんのように悲しみのなかにいる人を見捨てることになりかねない。多様な社会にはなにが必要なのか、日本人も考えなければならない時期にきている。次のケースもあった。

「ストレートしかいない世界」

修平さん（35歳）

同じくカナダでウェブメディアの編集者として働く修平さんも、日本では「ストレート（異性愛者）しかいない世界」が前提とされていると感じながら生きてきた。

京都市出身。学級委員を務めるなど、友だちも少なくない小学生だった。ただ、同級生の男の子が好むような漫画やアイドルにはあまり興味を持てず、「答え」を用意し、聞かれても違和感を持たれないようにしていた。中学生になると、「男性」が好きなことを自覚した。

他人にはじめて性的指向を打ち明けたのは、高校1年生のとき。好意を抱いていた同じクラスの男子生徒に気持ちを電話で伝えた。相手は戸惑った様子だった。すると、翌日には、このことがほかの同級生にも広められてしまった。

「自分のなかでもやっぱり（断られることの）シミュレーションはしていたんですよね。でも、やっぱりそういう反応があったときに、『こんな人を好きになってしまったんだ』みたいな。その人が悪いというよりは、見る目がなかったというような感覚がありました」

大学を卒業するまで京都で過ごし、25歳のときに東京の出版関係の会社に就職した。多くの人が集まる東京に出れば、自分を受け入れてくれる場もあるのではないかという期待もあった。

だが、職場で感じたのは「ゲイはいないものという雰囲気」だ。修平さんをゲイだと知らない同僚は、ゲイを笑いの対象にしたり、接待でキャバクラに誘ったりしてきた。日常のなかでなにげなく聞かれる「結婚しないの？」「彼女はいないの？」といった質問もストレスに感じた。

トルドー首相と交わした握手

カナダをはじめて訪れたのは20代後半。キューバへの1人旅の帰りだった。1～2週間ほどの滞在だったが、ゲイカップルたちが街中で手をつないで歩く光景を見て、「ここなら住める」と直感した。

30歳になったとき、カナダへ渡る決心をした。ワーキング・ホリデー（以下、ワーホリ）のビザを申請できるぎりぎりの年齢だった。当時はフリーランスの編集者として独立し、旅行雑誌の記事などを手がけていたが、海外で働いてみたいという思いが大きくなった。２０１９年6月に日本を飛び出した。

すぐに日本とは違う生活を送れると確信する機会があった。性的少数者の祭典である「プライド・パレード」で、トルドー首相と握手を交わしたことだ。トルドー首相はパレードの先頭を歩き、沿道に駆けつけた人々は次々と握手を求めていた。修平さんも手を差し出すと、その手をぐっと握り返された。

「心強さを感じました。日本ではこうしたパレードに国のトップが参加しないでしょう。首相が先頭に立ってくれているという違いを実感しました」

カナダでの生活に具体的なプランはなかった。当初は長く暮らすつもりもなく、とにかくできることからはじめようと、色んな仕事に挑戦した。自転車でフードデリバリーの配達員をしたり、飲食店で接客をしたりしてみた。友だちの紹介で、カメラマンとしてレストランのメニューを撮影して稼ぐこともあった。たまたまルームメイトとなった日本人の男性と一緒に、得意のトロンボーンでジャズの路上演奏もした。

渡航して半年がたった頃、そろそろ安定した仕事を探そうと、現地に拠点を置く日系のウェブメディア業界に就職。ツイッター（現X）で求人を出しているのを見つけ応募した。ツイッター上では「ゲイ」であることをオープンにしていたが、全く気にされなかった。

一方この頃、世界では、新型コロナウイルス感染症が広がりつつあった。もともとは1年ほどで帰国することも考えていたが、旅行雑誌などを手がけていたため、日本に戻っても仕事が激減する恐れが出てきた。

そこで、永住権を目指す方針に転換。カナダの移民審査を将来受けることを念頭に、カレッジ（専門学校）にも入った。マーケティングについて2年間学んだ。

カレッジの教授にも性的マイノリティーがいた。ゲイの教授は当たり前のように、「子どもを連れて、パートナーと一緒に夏休みにはコテージに行くんだ」と授業で話す。あえて自分がゲイであるとは言わないが、家族写真を見せゲイであることを隠さず話していた。カレッジでは、性的マイノリティーのほか、人種や宗教などに関する、いかなる差別発言も容認されないとしたうえで、そうした発言があれば評価にも影響するとも伝えられた。

カナダで暮らして、結婚に対する考え方も変わりはじめた。カナダ全土で同性婚が認められたのは2005年。

「その頃の子どもは、もう大人になっている。だから、社会の風潮として、そこに疑問を持つことすらおかしいことになっている気がする。社会制度も同性婚する人がいることを前提につくられている」

日本で暮らしていたときは、結婚や家族を持つことは難しいと感じていたが、家族をつくることを、選択肢の一つとして考えるようになった。

カレッジを2年で卒業し、今後はカナダで永住権を取りたいと考えている。ただ、定住するつもりはない。カナダでは、5年間のうち2年以上居住していれば永住権を維持できるため、ほかの国への行き来もしやすいとされる。カナダだけでなく、ほかの国も転々としながら生活するのが理想だ。日本で暮らしたいという思いがなくなったわけでもない。そのため、冬は寒いカナダから日本に戻り、2拠点で生活を送ることも考えている。

「どこかで縛られるのが凄い苦手。日本社会にも、カナダ社会にも縛られるのは嫌だ。それに、今後、世のなかはそういうふうになると思います。ボーダー（国境）がどんどん低くなって、色んなバックグラウンドを持つ人が出会い、人々はより混ざり合っていくと思うんです」

修平さんほどボーダーレスではなくとも、ジェンダーや労働慣習に縛られず、「自分らしく生きたい」と思うのは誰しも同じだ。世界がダイバーシティの実現に向けて、着実に歩みを進めてきた一方で、日本の努力は十分と言えるだろうか。その一向に解消されない「社会の縛り」が若者流出の一因となっているのだろう。

女性医師の卵　海外でつかんだキャリアと時間

吉田いづみさん（28歳）

「どうもありがとう」

机の上に置かれた同僚からのドイツ語の引き継ぎメモに、慣れない字で添えられた日本語。皮膚科医の吉田いづみさんは思わず笑顔になった。これでまた、1日がんばれる。

2022年5月から、ドイツ南部・アウグスブルクの大学病院での勤務をはじめた。日本の高校を卒業して東欧・ハンガリーの大学の医学部に進学したときには考えてもいなかったことだ。そのときは、6年間勉強したら日本に戻って医師として働くつもりだった。

いづみさんは生まれつき、心臓に病気があった。子ども時代には長い時間を病院で過ごし、お医者さんになりたいと思うようになった。会社員の両親は「学費が高い私学は無理でも、国公立の医学部なら行かせられる」と言ってくれたが、それはかなりの難関だった。

高校3年のとき、世界中から集まる同級生と英語で学べるハンガリーの大学の医学部を見つけた。生活費も含め、日本の国公立と同程度の費用で通えることがわかった。卒業後は日本の国家試験の受験資格が得られるとも聞き、ハンガリーの大学に進学することを決意した。

過酷な労働環境「3、4カ月休みはない」

同級生たちの出身は多様で、母国に帰るつもりの学生も、そうではない学生も様々。カナダや北欧など、社会と経済が安定していて社会福祉が手厚い国出身の同級生たちは帰国して医師になるつもりだった。一方で、ギリシャやイタリア、スペインなど、当時経済が不安定だった国の出身者のなかには、最初からほかの国で働くつもりで学びに来ている人たちもいた。そのなかで日本人は当時、現地の四つの大学医学部を合わせると1学年に100人ほどいたが、「卒業生の99％が日本に帰る」と言われていた。

2年生の終わりに消化器官の難病で治療のため1年間休学し、日本に一時帰国した。そのとき、日本の大学の研究所に所属し、いろいろな病院の見学にも行ったことで、医師の職場環境を知ることになったのは大きかった。平日は日勤でも夜の10時、11時まで働き、土日は研究にあてている多忙な医師たちの姿を見た。「先生、次のお休みはいつですか」と聞くと、「あと3、4カ月はお休みがないなあ」と答えがきて驚いた。1年の間で長期休暇は最大で5日間だとか、泊まり込みで働いているという医師もいた。研修医時代は特に過酷なところが多い。

日本の医師の現状を知ったことで、帰国するべきか心が揺らいだ。

「せっかく大変な勉強をして医学部に入ったのに、自分の時間や人生が全くないかのように働く先生たちを見て、悲しくなってしまったんです」

女性医師が少ない日本の実情

日本の病院を見学するなかで、女性の医師が少ないことも気になった。特に内科や外科はほとんどが男性医師で、女性医師も家庭を持っていない人が多かった。自分は大学病院のようなところで研究もしながら、週5日で働きたいと思っていたが、実現は難しいように思えた。

日本の医学部の女性比率は3〜4割。一方、ドイツの医学部は女性が7〜8割、ハンガリーでも5〜6割で、半数以上が女性という印象だった。

2018年、日本では東京医科大学で女子受験生が不利な得点操作を受け、本来合格していた人が不合格にされていたことが発覚。その後、ほかのいくつかの大学の医学部でも、女性の点数を不正に操作していたことが明るみに出た。いづみさんはこのニュースを、ハンガリーで聞いて「びっくりした」という。英語のニュースにもなっていて、様々な国から来ているクラスメートたちから「これジョークでしょ?」と聞かれるほど、驚きをもって捉えられた。

4年生の夏休みには「英語で実習できて、一番移民が多そうだった」というドイツの市立病院で、2カ月のインターンシップを経験した。ドイツ語は話せなかったけれど、英語で説明してもらい研修に参加することができた。

結局、復学して就職先を選ぶ際に、ドイツで就職することを決めた。インターンで働きやすさを感じたからだった。

「最後まで悩みましたが、欧州の地に残って仕事をしたいと思いました」

医師の半分以上は女性医師が占め、研修を受けた外科と内科では半分以上が外国人の医師だった。ドイツ人の医師は技術の高いスイスや北欧にいく人たちも多いという。医師と看護師、看護スタッフまでヒエラルキーもなく、人間関係が対等でフラットな印象もあった。ドイツ以外のルーツを持つ人が多いインターナショナルな環境で、女性だとか国籍だとかに関係なく、働きやすく生活しやすいと思えた。

給料にも働き方にも満足

2021年夏に卒業。ハンガリーでドイツ語の学校に通ったり、ドイツ人の同級生と勉強したりして覚えたドイツ語も、ドイツに来て1年がたち、かなり話せるようになった。

今の職場では年間で30日の有給休暇があり、ほかに自分のための勉強や研究、大学の学生への授業準備の日が約1週間、残業を集めると休日に変換できてさらに2週間とれる。

大学病院には朝8時～翌日8時までの24時間勤務がある。土日の24時間勤務には普段の

5倍の手当がつく。大みそかやクリスマス、イースターでも3～5倍の手当だ。

日本の初期研修の平均給与は35万～40万円と聞いたが、ドイツだと最初の1年目で60万～70万円ぐらいで約2倍もの差がある。

性別や子どもの有無にかかわらず、終業時間をフルタイムの50％分、70％分などと選ぶこともできる。「毎日午前中だけ」とか「月火水と働いて、あとはお休み」もある。

実際、男性医師もよく育休を取っている。

「将来、自分が結婚するのか、子どもを持つのかはわかりませんが、家族を持って働くイメージが持てて、自分にもそういう選択肢があるんだと思える環境に魅力を感じています」

皮膚科を選んだのは、手先の器用さを活かせる専門だからだ。命に関わる病気は少なくても目に見える部分を治療して改善するだけで、患者の生活の質が向上するのがうれしい。「患者さんから『ありがとう』と言われるだけで次の1週間がんばれます」

ハンガリーでブログを書いていたとき、ヤフーに転載されると「日本の大学を受からなかっただけだろう」とか「ハンガリーから言うな」と書き込みをされたこともあった。自分が好きでやっていることだし、ハンガリーにいて楽しかったし、自分の選んだことに満足していたので、まわりからなにを言われても、わたしが幸せだからいいかなと思った。記事になることで、思いがけない人とつながったりもすると考えている。

「自分もドイツで医師として働きたい」「欧州に残るにはどうしたらいいですか?」という問い合わせは、同じ大学に在籍する日本人の後輩学生だけでなく、韓国やメキシコの学生たちからも寄せられる。今、ドイツで働いている日本人医師は知っているだけで10人以上いるという。

高校時代に思い描いていた医師として働く自分の姿は、日本以外の道も考えてから開けてきた。自分の幸せと働きやすさ、性別に左右されない環境を選ぼうとするとき、最初から選択肢を生まれた国に限る必要はない。いづみさんの経験は、海を越えて様々な国の医師の卵たちをも勇気づけている。

コラム　女性医師の割合、最低という調査結果も

経済協力開発機構（ＯＥＣＤ）が２０２１年に発表した調査によると、日本は医師のうち女性の割合が約５人に１人（22％）と対象37カ国のなかで最も低い。ＯＥＣＤ平均は49％で、本書の１９９ページから出てくるハンガリーは56％、ドイツは48％。女性の医師が一番多いラトビア、エストニアは74％だ。

日本では医師の長時間労働が深刻だ。２０１７年の総務省の就業構造基本調査では、週の労働時間が60時間を超える人の割合が、医師では37・５％で、日本のすべての職種のなかで最も高かった。「日本の勤務医モデルは、専業主婦を妻に持つ男性の医師モデル」との指摘もある。

全国医師ユニオンが日経メディカルの医師会員約20万人に依頼し、大学病院の医師約２割を含む勤務医を対象に２０２２年に行った調査でも、当直明けに通常勤務をする人が約66％いて、30数時間の連続労働が常態化している。１カ月の当直が６回以上

の人が9・3％、1カ月で一度も休みがない人が約5％いた。さらに、1週間に一度以上、死や自殺について考えることがあるという医師が6・9％いた。1割以上が「労働時間の管理が行われていない」「時間外手当の支払いはない」と回答した。通常業務での宿直が労働時間とされない、参加義務があるカンファレンスなどが労働時間に認められていない、などの問題がある。22年には神戸市の病院に勤務していた当時26歳の医師が、労使協定で定められた上限を大幅に超えて勤務し、自死に至る問題も起きた。

大企業の時間外労働の上限規制が2019年から、中小企業は20年からはじまったが、24年4月からはじまる「医師の働き方改革」でようやく勤務医の時間外労働が規制される。医師の罰則付きの残業の上限規制がはじまるが、研修医や一部の勤務医には一般の労働者や勤務医の2倍近い、年1860時間の残業を認める特例がまだある。地域医療の担い手不足などが背景にある。

第5章

国を超えて働ける時代へ

――低くなった海外移住のハードル

テレワークが溶かす国境　オンラインで場所を問わず働ける時代

コロナ禍をきっかけにわたしたちの働き方は大きく変わった。テレワークの普及で、働く時間や場所を選ばずに仕事ができる時代の到来だ。パソコンとインターネット環境さえあれば働けると気づいた人々は地方移住だけでなく、国境も軽々と越えるようになった。海外に住みながら、日本の会社を遠隔で経営したり、日本企業に勤めたりする日本人がじわじわと増えている。

海外から会社を経営するＹｏｕＴｕｂｅｒ

森 尚樹さん（39歳）

「はいどうも、もなきです。転職の面接のポイントやテクニックの話をしてきましたが、そもそも転職の面接はどういう流れで進むのか。その動画を撮りたいと思います」

森尚樹さんは、YouTubeに自身のチャンネルを持ち、主に転職ノウハウに関する動画を配信している。興味を持った人がいれば、LINEなどを通じて転職相談に応じる。動画を撮影しているのは、カナダ・バンクーバーの郊外にある自宅だ。家具付き2LDKのタウンハウスで、広さは100㎡ほどある。近いうちにもっと広い家に引っ越す予定だ。

2021年12月、妻（39歳）と子ども3人を連れ、日本から移住した。コロナ禍で業務のオンライン化が進んで海外にいても会社が経営しやすくなり、子どもの教育環境を考えての決断だ。長男（9歳）と双子の次男と長女（7歳）は今、現地の公立小学校に通っている。

自身は海外移住に興味はなかったが、高校時代に1年ほどアメリカに留学経験がある妻は「いつか海外で暮らしたい」「子どもたちを海外で育てたい」と結婚当初からよく口にしていた。ただ、当時の尚樹さんは大手人材紹介会社で働き、海外赴任の可能性は低かった。大学時代に海外に短期留学したことはあったが、海外で働くことを考えたことはなかった。

「英語にも触れていないし、グローバルに活躍したいという野望はなかった。海外赴任のチャンスがある人は社内でも一握りで、海外に住むのは難しいかなと思っていました」

転機となったのは、2017年に会社を辞めて起業したことだ。脱サラして人材紹介や採用に関するコンサルティング業務を行う会社を経営。1人だけの会社だ。

当初は、日本で企業への訪問営業や転職希望者との面談などを対面で行っていたが、コロナ禍で社会全体の働き方が変わり、直接会う必要がなくなった。顧客との会議もオンラインが当たり前になった。

「海外にいても会社を経営できる状態になり、移住するなら今がベストな時期と判断しました」

当初は日本との時差が少ないオーストラリアへの移住を考えていたが、コロナによる入国規制が厳しいことを理由に、第2希望だったカナダに変更した。日本とカナダの時差は約17時間。カナダの夕方以降の時間は日本の午前中にあたり、日本にいる取引先らとの打ち合わせにも支障はないという。

「夕飯時は多少抜けなきゃいけないですが、カナダでの17~24時をうまく活用すると日本の方との会議もできる。それに、転職希望者は平日働いている方が多いので、土曜日の相談を希望する人が多い。カナダは金曜日なので、むしろ日程を調整しやすくなりました」

当初は3年の計画だったが……

東京在住だったため、まわりには中学受験をさせる家庭が多かったが、森さんには子どもに中学受験をさせて、たとえば大学付属の学校に進学して将来安泰という考えは全くなかった。

「妻は日本の詰め込み型の教育より、発想力や自分の意見を言う力を育てる教育を子どもに望んでいました。僕は詰め込み型教育もありだとは思いますが、今はググればなんでも調べられたり、YouTubeで解説が見られたり、答えに簡単にアクセスできる時代。自分の経験からも、自分の意見を持ち、人前で説明できる力はビジネスマンに求められる力だと感じていて、そういう人材を今の日本の教育で育てるのは難しいかもしれないなと思っていました」

中学受験のための進学塾にかかる費用や私立中学校に3年間通った場合の学費が不要になると考えれば、3年間分の留学費用は捻出できる。当初は費用を準備できそうな3年間でカナダに住むつもりだったという。

渡航からもうすぐ1年。今はもっと長く住みたいと考えている。でもそれは日本の将来や教育を悲観しているからではない。

「バンクーバーの夏って最高なんです。気候もいいし、自然豊かで。ちょっと車を走らせたら、きれいな湖があり子どもたちと遊んだりできる。バスケとか、ピックルボールとか、いろんなスポーツを通じてカナダ人の友人も増えてきたし、コミュニティーができて居心地の良さや楽しさが僕のなかで芽生えてきました。航空券の値段が落ち着いたら、日本と行ったり来たりすればいい。将来的な理想は夏はカナダ、冬は日本にいるみたいな感じですね」

受験戦争のないのびのびとした環境

子どもたちは、現地の公立小学校に2022年1月から通いはじめた。カナダの教育制度は各州の教育省が管理・運営し、義務教育の年齢も州によって異なる。尚樹さん家族が住むブリティッシュコロンビア州は5~16歳が義務教育の対象だ。日本との違いを感じるのは、先生の授業の進め方が自由なこと。カリキュラムをなぞるのではなく、自分の教育方針に沿って進める先生も多い。また、日本では小中学校で使う教科書は一人ひとりに無償給与されるが、今通うカナダの学校では必要なときは学校から借りるかたちだ。

「カナダには日本のような受験は存在せず、子どもたちはのびのびと過ごしています」

将来日本に帰国することも見据え、日本の学習教材を取り寄せ、自宅で国語や算数、理科など日本の勉強を夫婦で教えている。

子どもが通うバスケットボール教室では、7～8歳の子どもたちがどう動けば良いのか、指導者に対して自分の意見を言う姿に驚いた。

「日本のミニバスケの教室ではあんな光景はなかったので、これも教育の違いなのかなと感じました」

3人分の学費が無料、永住も視野に

ただ、カナダの物価は高く、毎月の生活費は学費を除いて約5400カナダドル（約52万円）。東京で暮らしていた頃と比べて生活費は10万円以上多くかかる。日本円で得た収入を現地通貨に替えているため、円安が進むと痛手を受ける。日本の書籍をカナダで買うと高いので、電子書籍のサブスクサービスを使ったり、食材はまとめ買いして冷凍保存したりして、自然と暮らし方を工夫するようになったという。一方、日本に住んでいた頃と比べ、抑えられている出費もある。

「お酒も高いので飲み会に行く回数も減ったたし、趣味も無料でできるスポーツが中心になった。子どもの学習塾やピアノ、スイミングの費用も結構チリツモで、日本にいるときは出費が増えていました。習い事によってはカナダのほうが安く済んでいます」

カナダで長く暮らしたいと考え、高額な子どもたちの学費を抑えるために道を模索した。義務教育の期間は公立に通えば学費は無償だ。外国人の場合でも保護者が永住権や就労ビザを持っていたり、公立カレッジなどに親が一定期間、留学したりする場合は学費が免除される。森さんは、就学する子どもに付き添う保護者に発給されるビザで当初は滞在していた。そのため、子どもたちの学費として年間で1人150万円ほどを負担していたという。

知人の移住コンサルタントらに相談し、2022年夏にカナダに子会社を設立。就労ビザを取得できたことで、同じ年の9月から子ども3人分の学費が無償になった。子どもがカナダで大学に進学したり、就職したりする場合を想定し、将来的には永住権の取得も検討する。

仕事に対する自分の意識も変化した。近所にはカナダで起業した日本人の経営者らも住み、家族ぐるみのつきあいが続く。交流を通じてグローバルで働く姿に刺激を受け、日本だけではなく世界で仕事ができるような人になりたいという気持ちが芽生えてきた。将来的に北米圏で新たな事業に挑戦するつもりだ。

「日本には日本の良さがあって、日本が嫌だから海外に移住したわけではないんです。それでも、『失われた30年』を脱却できていない日本に、希望は見出しづらい。移住は自分や子どもたちの将来の選択肢を広げるための手段です。ここで得た知識やアイデアを、いつか日本に還元できたらいいなと思っていますし、子どもたちにもカナダで学んだことを活かして日本で活躍してほしいです」

従業員の3割強が海外在住

森 勝宣さん（30歳）

2022年夏に結婚した森勝宣さん夫妻は、同年11月から翌8月までワーキング・ホリデー（ワーホリ）のビザを使って、日本の企業に所属してオンラインで仕事をしながら、オーストラリアを中心に海外での生活を楽しんだ。シドニーに3カ月ほど滞在し、2月にゴールドコースト、3月ブリスベン、4月仏領ニューカレドニアを経てタスマニアで過ごした。日本のゴールデンウィークはニュージーランドで休暇を楽しみ、メルボルンに移った。6、7月はパースに滞在後、マレーシアに渡った。8月の前半はシンガポール、後半にはシドニーに戻った。

森さん夫婦は、この間、フルタイムで働いた。滞在先はアメリカの民泊仲介サービスAirbnb（エアビーアンドビー）で探し、たとえばシドニーでも、中心部と郊外というようにほぼ2週間に1度住居を変えて、25カ所で暮らした。月曜から仕事をはじめられるように、週末に移動して準備を整えた。宿泊先には家具や調理器具などが備え付けられているので、荷物は夫婦がそれぞれスーツケース一つで済む。

勝宣さんは、企業からのアウトソーシングのなかでも、オンラインで完結する仕事を請け負う東京・品川の「ニット」という会社に勤めている。出国した時点では企業の海外進出をサポートする部署でマーケティングを担当していたが、途中で担当部署が変わり、請け負った仕事を効率的に進めるための業務設計を担うことになった。異動はブリスベンにいた3月だったが、オンラインで面談した秋沢崇夫社長から告げられた。妻もSNSに関する会社を自身で持ち、日本企業の仕事を請け負う。ワーホリが申請できるのは30歳までだが、妻とは同い年で、結婚前からせっかくなら行きたいねという話をしていた。2人ともが完全なテレワークだったことが、夫婦でのワーホリ挑戦につながった。

「従来のワーホリだと、仕事を辞めて、家も解約して、行ってみないとどうなるかがわからないところがありました。でも、わたしたちはリモートで働けるし日本の仕事ができる。安心して、安定した収入を得ながらチャレンジできる。合わなければ日本に帰ろう、くらいの気持ちで行くことができた。長いハネムーンみたいなものでした」

日課の散歩ではじまる1日

オーストラリアを選んだのは、ワーホリのビザが取りやすいことに加えて、日本とのやり取りをする仕事を考えると、時差が小さいことも大きかった。

森さん夫婦がオーストラリアに渡った11月、シドニーはサマータイムで日本より2時間早い時差だった。始業は日本時間午前10時なので、オーストラリア時間では午前中に時間的な余裕ができた。オーストラリアには朝食をカフェで楽しむ習慣があり、個性的な店が多くある。森さん夫婦も朝に1時間ほど散歩をして、カフェで朝食をとることが日課になった。ただし、オーストラリアの物価は高い。クロワッサンのサンドイッチとコーヒーで

15豪ドル（約1400円）ほどになる。そのため、昼と夜は自炊をして節約を心がけた。オーストラリアのほうが時間が早く進むので、日本の就業時間中に夕食の時間が来る。労働時間はフルフレックスなので、夕食で休憩時間をとり、夕食後も仕事をすることが多かったという。

「朝の散歩は、新しいカフェを開拓するのが楽しみでした。食事は2人でつくるときもあれば、ミーティングがないほうがつくるときもありました。仕事は、部屋でパソコンに向かうので、日本にいるときとなにも変わりませんでした」

借りた家のなかで一番気に入ったのはオーストラリア・メルボルンのタワーマンションの49階の部屋で、1カ月滞在した。1LDKの広さ約40㎡で、家賃は円換算で月額約38万円。プールやスポーツジム、サウナなどの施設も使えた。

「地上が雨でも部屋は雲の上で晴れているということもありました。メルボルンは人が多くてどこにいっても並ばないといけないような街でしたが、住んだ物件のなかでは一番良かった」

最低だったのはオーストラリア・パースの家だった。借りられる物件が限られているので古い物件でも高く、月額約40万円だったが、水もちょろちょろとしか出ないような状態だったという。物件によっては仕事の生命線ともいえる無線LAN（WiFi）が弱くて使用に耐えないこともあった。そういうときにはスマホを無線ルーター代わりに使うテザリングをしてしのぐこともあった。

一番印象に残ったのは5月のニュージーランドだった。日本ではゴールデンウィークは飛行機やホテルが高くなるが、日本発着でなければ関係ない。南半球は秋で、美しい紅葉と街並みをゆっくり楽しむことができた。場所を移るときには豪華客船を使って船上で仕事をすることも考えていたが、WiFiが十分には使えないという情報があり、休暇で試しに乗った船でも電波が弱かったので断念した。

3カ月単位で決める「目標」

テレワークではコミュニケーションと自己管理が課題になる。フルリモートを前提とするニットでは、2023年1月時点でフリーランスを含めて517人の従業員のうち、3割強の161人が海外で働く。取引先や同僚とのやり取りは社内コミュニケーション用ソフトを使った文章がほとんどで、実際に言葉を交わす機会のほうが少ない。職場にいない従業員に、確実で正確な情報を伝えるためには、文章のほうが効率が良いためだ。こうしたネットワークを使うことで、納期の短い仕事でも昼夜が逆転している地球の裏側のスタッフと連携してこなすこともできるという。

自己管理は、3カ月ごとの目標設定が柱になる。上司と話し合って決めた目標を3カ月ごとに見直し、達成状況の確認と新たな目標が必要なら設定をする。1週間に1度、チームのミーティングがあり、1カ月に1度は上司との面談があるので、そこで方向性の確認をする。森さんは、4人のチームの責任者で、自身の上司にあたるのは秋沢社長だ。

「週次、月次の確認で、相談をしたり目標の方向調整をしたりして、丁寧に調整しているので、仕事が偏って忙しくなることもありませんね」

目標が達成できていれば、いつ働いても構わない。海外生活は、収入を確保できるかどうかが大きな障壁になるが、リモートワークであれば、日本の会社に所属したまま海外に渡り、収入の心配をすることなく自分の住みたい国での生活を楽しめる。コロナ禍で広がったテレワークは、出社しなくても働ける仕事を増やし、ライフスタイルの選択肢を広げている。

コラム 就労ビザや永住権を取るには

日本人も海外で働けば「外国人労働者」になる。外国人が働くことは、その国から見ると自国民の労働者が働く機会を奪うことになるかもしれないし、道路や上下水道などの社会基盤、医療や公共サービスなどを「タダ」で利用されることにもなりかねない。一方で、少子化で不足する労働力や、高い知識・技能が提供されれば経済にプラスになることもある。こうしたことを踏まえて、外国人として働く場合は「就労ビザ」などのビザを取得して、税金や社会保険料を現地で支払う必要が生じることがある。制度は刻々と変わるので自分が行きたい国について最新の情報を確認する必要がある。

増えはじめた「デジタルノマドビザ」

就労ビザで働くのは簡単ではない。比較的移住しやすいとされるカナダでも、原則としてカナダ人の労働に影響が少ない職種で就労先を決め、労働許可を申請する必要がある。トラック運転手、一般建設労働者、料理人など、日本でも不足しがちな仕事か、ウェブ開発者、会計士のような高度な知識を求められる仕事が対象になっている。働きはじめたら、現地で所得税を払い、必要な社会保険にも加入して保険料を払う義務がある。

一方、コロナ禍でテレワークが一般化したことで、近年増えはじめているのが「デジタルノマドビザ」だ。スペインは2023年からテレワークで国外の企業のために働く人の滞在を認めている。大使館によると、雇われている人の場合は、①雇用されていること、②テレワークをすること――についての会社の証明書が必要になる。自営の場合は、スペイン以外の国の受注先から3カ月以上の契約があることなどの証明書が求められる。また、スペイン当局が認めた保険会社の医療保険に加入することが条件となったり、スペインの最低賃金月額の倍以上の収入があることを証明する書類も必要になったりする。テレワーカーとして認められると、家族の帯同も認められる。全収入の2割以内であれば家族もスペイン国内の企業で働くこともできる。

テレワークで海外の仕事をすることを認めるビザは、スペインの隣国のポルトガルでも2022年に認められた。ジェトロ（日本貿易振興機構）によると、ポルトガルでは「居住ビザ」を取得して入国し、有効期限の4カ月以内にデジタルノマドの申請が必要となる。有効期限は2年で、3年間の更新ができる。ポルトガル領マデイラ島のポンタ・ド・ソルという人口約8千人の村で、21年2月に先行して実施された際は、最初の1年間に6千人以上が利用し、3千万ユーロの経済効果があったという報告もある。ジェトロによると、南米のコロンビアも、22年に同様の制度をはじめた。コロンビア国内で報酬が発生する仕事に就くことは認められない。背景として、同国がもともとノマドワーカーに人気の高い国で、生活コストや住宅コストの低さなどが評価されているという。

同様のビザはコロナ禍が大きなきっかけで、エストニアが2020年7月、UAE（アラブ首長国連邦）が21年に導入している。ジェトロは次のように分析する。

「リモートワークを行う長期や短期の滞在者は、ホテルやアパートの利用をはじめとした国内の消費活動を促進する。そのため、外国からのリモートワーク需要を取り込むこれらの新しい制度は、国内雇用に依存せずに国内人口を増やし、自国の経済の活性化につなげる取り組みと言えるだろう」

減るテレワーク、手間がかかっても続ける会社の覚悟と工夫

日本では新型コロナウイルス感染症の対策として広がったテレワーク。コロナ禍が一段落して、テレワークをする人は減少傾向にある。日本生産性本部はコロナ禍がはじまって以来、数カ月おきに1100人を対象に、テレワークをしている人の割合を調べている。初回の2020年5月は31・5%だったが、その後は減少傾向で、23年7月は15・5%と過去最低だった。一方、同本部が23年の5～6月にテレワークをしている一般社員1000人に行った調査では、テレワークを続けたいと答えた人が87・6%にのぼった。テレワークが廃止・制限されたら退職を検討するという人も16・4%いた。

売り手市場、人材確保の条件に

そもそも少子高齢化が止まらない日本。テレワークは人手不足を補うためのなくてはな

らない労働条件になりつつある。働く側には、どこに住んでも仕事ができるメリットを活かして新たな生活を切り開く人もいる。

企業の新規事業創出を支援する東京の企業「ミチナル」は、コロナ禍を機に完全テレワークをはじめ、東京都千代田区に借りていたオフィスを2022年6月に解約した。4人いる社員の1人、東加菜さん（39歳）はミチナルに転職したことで、ベトナムに単身赴任していた夫に、子どもとともに合流できた。夫が14年にオーストラリアに赴任したときには、それまで勤めていた会社を退職してついて行ったが、17年に帰国し、元いた会社に戻った。しかしその後、夫がさらにベトナムで働くことになったため、今度は自分のキャリアを優先して、子どもと日本に残っていたところだった。約2年間の別居生活を経験した東さんだったが、家族での暮らしも自分のキャリアも諦めたくないと考え、夫と合流するために探したのが、完全テレワークにかじを切ったミチナルだった。

「積み重ねてきたキャリアだけでなく、家族との時間も大切です。今は『両輪』がそろって、生産性では測れないウエルビーイングという意味では最高です。ベトナムにいることでアジア各国も見て回ることができて視野が広がりました。仕事にもプラスになっていると思います」

毎週木曜には社員4人がネット上のバーチャルオフィスに「出社」し、顧客の反応などについて情報交換する。東さんはベトナムでテレワークだが、東京にいるメンバーも住んでいる国の違いを感じずに情報交換ができている。

「時間を決めて打ち合わせをしなくても、話しかけてもいい状況の人がわかるようになっているので、雑談を含めて情報交換をします。日本の社員はお客さんと実際に会って話すことも多いので、生の声を聞かせてもらうことができて、仕事の役に立っています」

年賀状作成アプリを開発する札幌の「ソルトワークス」は、出社を原則としていたが、コロナ禍を機にテレワークを認めて、現在も続けている。約60人の社員の半数以上を占めるＩＴのエンジニアやデザイナーは、テレワークができることを会社選びの条件にする場合が多いためだ。テレワークでどこに住んでも構わないという東京の会社も増え、北海道よりも給料が比較的高いため、同社から転職するエンジニアもいるという。

広報担当で採用の経験もある菊池花那里《かなり》さん（33歳）は次のように話す。

「コロナをきっかけに、地方に住みながら仕事をしたい人が増えた。北海道の人気は高いが、テレワークができる会社はまだ少ないので選ばれている。一方、全く出社せずにテレワークだけでも抵抗がない人もいる。そういう人は給料のいい東京の会社に転職する。テレワークが一般化して、かなりの社員が入れ替わった。人材確保の面でテレワークができる効果は大きいので、フル出勤に戻すことは考えられない」

新卒の研修からテレワーク

東京でシステム開発を行う「サーバーワークス」では、コロナ禍を受けもともと認めていたテレワークが主流になった。新卒社員が先輩社員から1年間受けるOJT（注：実際に現場で働きながら、業務に関する知識や技術などを指導すること）についても、対面で続けるべきか議論した結果、やはりテレワークに決めた。理由の一つに、環境が変わる新入社員の精神的な負担が減ったことがあるとみる。出社での研修だと自分の業務だけでなく、社会人としての立ち居振る舞いも身につけなければならないが、テレワークなら業務に専念しやすい。また、対面のOJTは1人の先輩社員について仕事を教わるケースが多いため、担当社員によって内容に差が出ることが多い。一方、テレワークの場合はお互いに移動時間が必要ないので、パソコンを通じて様々な先輩社員と計画的に接点をつくりやすくなるという。大石良社長（50歳）は、テレワークでのOJTで成果を感じている。

「新入社員には対面が大切というのは思い込み。わたしも大丈夫かなと思ったが、当事者へのアンケートの結果は対面のときより良くなった。会社の上層部がまわりに社員がいないと不安で、出社を半ば強制している。一般社員はコロナでテレワークをして『もうこれでいいじゃん』と思う人が多いので、クエスチョンがついているのが実態でしょう。エッセンシャルワーカーの方みたいに、どうしても現場に立つ必要がある方をリスペクトしながら、そうではない人はテレワークでいいと思います」

ただ、ＯＪＴに限らず、テレワークでは対面に比べ表情や身ぶりで伝えられる情報が少なくなりがちだ。それを補うため、高性能のマイクやカメラの費用として月２万円まで補助を出す。補助は繰り越せるので、３カ月使わずに６万円の機材を買うこともできる。また、チャットなど文字でのやり取りが多いため、その際のガイドラインもある。①相手を否定しない、②叱らない、③２回で伝わらなければ会話をする、などだ。文字による情報伝達は効率的だが、議論にはあまり向いていない。否定の言葉のニュアンスが伝わらないので、きつく感じることもある。

コロナ禍でデジタル化が進んだことで同社の事業は拡大し、社員は３倍以上の約４００人に増えた。一方、テレワークが定着して出社率は１割に満たず、本社のオフィスはもとの広さでもガラガラの状況だという。

「好きな場所、時間で働くとパフォーマンスが上がる」

電話営業などの会話をAI（人工知能）で分析して質の向上を支援する「レブコム」では、2017年の創業以来、完全テレワークで好きな時間に働くことができる。社員は250人近いが、東京・渋谷の本社には20人分程度の席しかない。その狙いを乾《いぬい》将豪《まさとし》人事責任者はこう説明する。

「社員それぞれが自分のパフォーマンスを出すために、どこでも好きな時間に好きな場所で働けるようにしている。コロナ禍が落ち着いてテレワークをやめた会社では、子育てをしながら働いていた人が転職している例も見ている。うちには子育てをしながら働いている社員も多い。家庭では仕事がしづらいという人もいるのでオフィスも用意はしている」

ただ、やはり文字でのやり取りが多くなり、過去には社員間で行き違いもあったため、ルールを設けた。①早朝や休日にメッセージを送ってもいいが、受け取った側は自分の稼働時間に返せばいい、②忙しいときには気づいていることを知らせて、後で回答する、③気持ちや雰囲気を伝えるために絵文字を積極的に使う、などだ。

テレワークでよく課題としてあがるのが社員間のコミュニケーションだ。導入している企業ではそれぞれ工夫している。

サイバー攻撃対策を手がける東京の「サイバーセキュリティクラウド」は基本的に働く場所も時間も自由だが、約110人いる社員はチームごとに週1回の出社日を定めている。社内には無料のドリンクコーナーがあり、午後6時からはアルコールも飲める。大画面のモニターでテレビゲームも楽しめるようにするなどして、交流を促している。

業務管理ソフト開発を行う福岡の「ヌーラボ」はコロナ禍を受け、2020年から完全なテレワークを認めた。だが約150人いる社員は、お互い顔も合わせたことがないケースが増えてきた。そこで23年10月からは3カ月に1度、福岡、京都、東京にあるオフィスで交流会を開くことにした。全国に住む社員に、比較的近いオフィスに出社してもらい、交通費は会社が負担している。

コロナ禍という不測の事態によって日本でも一般化したテレワーク。これを働き方の多様性として前向きにとらえていけるかに、日本の未来がかかっている。

4～5割がテレワークの国も

シンクタンク「SOMPOインスティチュート・プラス」の岡田豊上席研究員は、テレワークをする人が減っていることについて、次のように分析する。

「テレワークは日本ではコロナの感染対策で一般化したが、コロナ禍の特例措置として無理にはじめたところはやめている。そうは言っても、移動の無駄がなく、家族の近くで働けるので、若い人の価値観に合う。希望する人は多いので、会社は人材確保を考えれば認めざるを得ない。欧米では多い国で4〜5割の人がテレワークをしているので、日本の実施率は今が底で、今後増えていくだろう」

日本でも、好きなところで働けるテレワークが「特例措置」でなくなれば、仕事と関係なく住む場所が決められるようになり、結果的に海外暮らしを選ぶことができる人が増えていくかもしれない。

コラム　コロナ禍の反動、海外転出が本格化

総務省が毎年1月に公表する「住民基本台帳人口移動報告」によると、22年に住民票を置いていた市区町村に海外に転出すると届け出て移住した日本人は約14万8千人で前年の約1・5倍に増えた。23年も約15万9千人が転出し、コロナ禍で日本に帰国していた人が戻る動きや、海外に出るのを控えていた人が出国する動きが続いているとみられる。

海外との転出入はコロナ禍がはじまった2020年から統計が公表されている。同年は海外から日本に戻る人が約6万人上回る転入超過だったが、21年には逆に約4千人の転出超過に転じ、22年は約2万人に拡大した。諸外国でコロナの出入国制限の緩和が進んだことが影響しているとみられる。出入国者数を月ごとに見ると、コロナ禍以降、転入超過のピークは水際対策の強化が続いていた20年4月で、約3万4千人に達した。一方、海外で水際対策を緩和する国が相次いだことで22年は春頃から出国す

る人が増え、同8月には約1万2千人の転出超過となった。

　都道府県別に見ると、2023年に海外への転出が転入を上回る割合が最も高かったのは佐賀県で、431人が転出する一方、転入は314人と約1・4倍だった。同県は22年に唯一、転入が転出を上回っていた。コロナ禍の反動が遅れてきたと見ることもできる。滋賀県と山形県の約1・3倍が続くが、出入国とも圧倒的に多い東京都は転出が約3万7千人に対して転入は約3万1千人で、約1・2倍だった。約6千人の転出超過は2年連続で全国一多い。23年は全都道府県で転出が転入を上回った。

　男女別にみると、2023年は女性の海外転出者が9%増の約8万6千人、男性は6%増加の約7万4千人だった。女性は22年に約7万8千人と前年比約1・7倍に増え、同約1・3倍の約6万9千人だった男性を逆転した。海外からの転入者は女性が約6万9千人と、約6万5千人の男性を少し上回った。この結果、海外への転出超過は女性が約1万7千人と、約9千人の男性のほぼ倍になった。

　この統計は出入国によって、日本の住民票登録に変化があった人を対象としている。企業の駐在員などには日本での住民票を残したまま海外に出る人もおり、実際の出国者はもっと多い可能性がある。

わたしが日本を出た理由　反響編

「日本人が海外で働いたり、暮らしたりする」というのは、もちろん今にはじまったことではない。海外在住が長い人たちは、最近のこうしたニュースに、自分の人生を重ねて様々な思いを抱く。それは、自分が日本を離れたときの経済力や世界からの見られ方がどんなものだったかによっても、違うようだ。

この本のもとになった朝日新聞デジタルの連載「わたしが日本を出た理由」は、連載掲載中から大きな反響をいただいた。長年海外に暮らしている人、自分も海外に飛び出したいという人など様々だが、特に自分の経験と重ねて寄せてくれた感想は示唆に富んでいた。最後にその一部をご紹介したい。

時給の高さでこっちに来ちゃうの？

山下久司さん（62歳）

日本の金融、自動車や電機メーカーなどが好調で、時価総額のトップ10に最大7社も日本企業がランクインしていた1980年代。その頃、エンジニアとして北米に渡ったカナダ在住の山下久司さんは、日本を出て働く若者たちについての記事を読み、「今の若い人は時給が高いからという理由だけで、カナダに来ちゃうの？」と驚いた。長い海外生活で、言葉も文化も違う異国の地での暮らしは、そんなにバラ色の生活ではないと感じていたからだ。そもそもスムーズに英語でやり取りできるようになるまでにも何年もかかった。しかし、「僕のイメージのなかの昔の日本と、今の状況には大きな落差があるのかもしれない」と考え直したという。

山下さんは、大学卒業後の1984年に日本の自動車部品会社に就職し、88年にエンジニアとしてアメリカ・デトロイトに赴任。

「自分が働きはじめた頃、日本の自動車メーカーは世界の市場を席巻し、海外で開発センターも展開するなど勢いがあった。技術者としても、日本人というだけで一目置かれたほどでした」

カナダ国籍の妻と結婚したことがきっかけで、異動があっても日本に戻らないと決め、日本企業を退職して現地採用の道を選んだ。カナダで永住権を取得し、子どもたちを育てた。社内では前例のないことだったが、山下さんは「人生のなりゆきでそうなっただけ。働いて家族と暮らすために必然でした」と振り返る。

勢いのある日本はもうない？

カナダは移民に寛容なことで知られ、もちろん移住先として選んだり、検討したりしている人は少なくない。ただ山下さんは「日本はGDP（国内総生産）の規模で、まだ世界3位（取材時。2024年2月15日現在は4位）。それなのに『カナダで働きたい』とか『来て良かった』と言うなんて……。あの勢いのある日本は、もうないのか」とあらためて感じたという。

どれだけ長く過ごしても、言葉に問題がないと感じても、海外生活ではふと疎外感を覚えることもある。また、日本で暮らしていた両親が老いたり病気になったりしたときには、頻繁な行き来や滞在をのばすことは簡単ではない。山下さんもできるだけ日本に帰るようにしていたが、いよいよこれで最後かというときに日本を離れなければいけなかったことは、覚悟していたとはいえ、厳しい経験だった。
「自分は日本が好きだし、若い人には今いる場所でがんばってほしいとは思う。ただ、自分の人生を振り返ってみれば、自分がカナダを選んだことも間違いではなかった。家族を持ち、子どもたちも独立して、早くに仕事をリタイアして生活を落ち着け、楽しんでいる。だから結局、どこに住み、どこで働くのかというのは、正解、不正解では語れない話なのだと思います」

山下さんのように日本を出て海外に住み続ける人もいれば、海外で何年か働いたり、学んだり、あるいは暮らしたりした後に、日本に帰ってきた人たちもいる。日頃の生活のなかでは目立たなくとも、「実は何年か海外にいた」という経験を持つ人は、あなたのまわりにも少なくないかもしれない。

「海外の良さも取り入れて」カナダから帰国の医師

川口　敦さん（44歳）

海外に行く人が増えているというニュースをわたしたちはどのように受け止めるべきか。

「どうやったらもう一度日本で活躍したくなるか」と、前向きに考えるきっかけになればいいのではと考える人がいる。カナダの大学病院で約10年間勤務した、医師の川口敦さんもその一人だ。

川口さんは、2020年に帰国して、現在は川崎市の聖マリアンナ医科大学でPICU（小児集中治療室）の部長を務めている。

医学生時代に国際医療NGOに所属し、ネパールの農村でインターンを経験するなどして、小児医療の道へ進んだ。カナダで医師免許を取得後は、現地の大学病院でスタッフ医師などとして働いた。永住権も取得し、家族4人で生活していたモントリオールには広い家も持っていた。満足できる生活をしていながら、川口さんが帰国したのは、日本ではまだ発展途上にある小児集中治療医学を根付かせたいという思いからだ。医療現場が人手不足になるなか、カナダで得た知識と経験を共有したいと考えた。

帰国したもう一つの理由は、子育ての環境の問題もあったという。川口さんの息子はカナダの教育を受けていたが、たとえば学校の歴史の時間では、カナダの歴史を学ぶことになり日本の歴史から遠ざかるのが気になった。カナダにいることで、日本で暮らしている祖父母や親戚と会ったり、日本の伝統文化に触れたりする機会はどうしても少なくなってしまう。カナダで体験したことを活かしつつ、どちらの良さも活かす方法を考えた。

結局、「カリキュラムの多くを英語で行い、海外大学を目指す私立の中高一貫校に通わせる」ということにして、中学受験のタイミングで日本に戻ってきた。

「海外に出て行く日本人は増えているが、すべての人がそのまま海外で暮らしていくわけではない。その後、日本に帰ってきている人もまた多い」

海外で得た知識や経験を日本に積極的に取り入れる環境があれば、帰国の背中を押される人はいるだろうと考える。

「日本と海外のギャップはあまり感じません」

川口さんが今リーダーとして日本で率いている職場は、海外勤務や留学経験者が多い。もともと自由な気風があったが、特に医療従事者の働きやすさを重視しているという。たとえば、主治医が担当患者を個別に診るのではなく、複数の医師が1人の患者に対応できるシフト制をとっているため、各医師は休日をきちんと確保できる。メンバーの志向や状況が違うことも争いにはならない。ひとり親で子どもを育てながら医師を続けている人や、どちらかといえば臨床より研究志向が強い医師など、多様な同僚たちがいることが前提だ。会議の時間設定やチームの目標については、それぞれの意向ができるだけ反映できるような運営を心がけているという。カナダの職場では、自分が言語や人種、経歴的にマイノリティーになるという経験をしたからこそ、自分がリーダーになったら多様性を尊重するチームにしようと考えていた。

「もしわたしがずっと日本で『先生、先生』とおだてられているだけで、自分の意見はだいたい通るという経験しかしていなかったら、気がつかなかったかもしれません。この経験はわたしの財産です。日本の組織でも、たとえば上司が海外経験者なら、職場の変化も速いでしょうね」

海外を経たから見える日本の姿

最初のインタビューから1年後の2024年1月。川口さんがカナダから日本に戻って3年がたった。

「カナダで進んでいるものを見てきたというより、日本との違いを見て、日本のいいところはどこかも考えるようになった。それを日本に戻ってきて活かしている感じです。海外とのやり取りや出張も多く、日本と海外のギャップはあまり感じません」

帰国後、仕事を通して知ったある日本企業は「週末はメールチェックをしない」など働き方改革を進めているという。ワーク・ライフ・バランスが実現されていることを知り、そんな日本企業がほかにも色々あるのだろうなと思った。今後は海外だけではなく、日本のいいところを探していきたい。まじめで責任感が強い人が多い日本の良さと、海外のいいところを混ぜていく土壌はもうできていると感じている。

カナダで一緒だった元同僚からは「カナダも給与が上がらず、物価は高騰し、生活の質がどんどん落ちていて、格差が広がっている」という話を聞く。

「海外にいても、日本に戻ってきても、自分らしく活躍し、仲間と楽しく生活を送ることができる。『外国を目指す人が増えている』というニュースをきっかけに、日本の改善すべき点と長所を考えていければいいですね」

「海外コンプレックス」でも、「働き方」で決断　中作祥太さん（28歳）

日本で就職すると、このまま異文化を知らず、国際化についていけなくなるのではないか。そんな危機感から、ほとんど海外旅行さえしたこともなかったのに、いきなり外国の会社で働きはじめた人もいる。

オーストリアの自動車関連会社で、電気自動車の開発をしている中作祥太さん。「海外コンプレックスを克服したい」と大学院時代に授業の一環として現地で2週間インターンを経験したオーストリアの会社に、修士課程を終えて就職した。日本の企業からも内定を得ていたが、悩んだ末にオーストリアを選んだ。

英語が苦手で、留学もしたことがなく、海外旅行の経験も豊富なわけではなかった。ただ、国際化が進んでいるので、英語が話せたり、異文化に対する理解もあったりしたほうがいいと感じていた。大学に来ている交換留学生ともコミュニケーションがとれなくて悔しい思いをすることもあった。

「このまま日本で就職したら海外との縁が遠くなる。オーストリアで働けば、ドイツやイタリアにも行ける。インターンのメンターをしてくれた日本人社員から聞いたオーストリアでの働き方や生活もすばらしいと思いました」

中作さんが魅力を感じたのは、残業がほとんどなくて、残業をしてもその分が有給休暇に加算される仕組みだ。合計で8時間残業すると、有給休暇を1日増やすことができる。有給の消化率は100％で、有給が残っていると上司に怒られる。残業は有給休暇につながるので、会社は効率良く働くことを社員に真剣に求めることになる。結果として「働くときには働くけれど、休むときにはしっかり休む」というメリハリのある働き方につながっている。実際に働きはじめてからも、休みをとってはアルプスの山々をハイキングしたり、スキーをしたりして楽しんでいる。

とはいえ、言葉では苦労した。働きはじめた当初は「YES」「NO」ぐらいしか口にできない状態で、技術的な言葉はなんとか理解できるので仕事はできるが、コミュニケーションがとれない。会社が週2回通わせてくれたドイツ語学校で少しずつ学んだが、同僚は日本のように新入社員を育てるという感じの接し方はしてくれず、言葉ができないことに対する配慮も感じられなかったという。仕事が定時に終わることと、休日に出かけることで元気を取り戻して、会社で仕事をするうちに少しずつ慣れることができたという。

「待遇が悪ければ会社を見限る」

中作さんにとってのオーストリアはこうだ。

「ステップアップの一つであって、ここに永住することは考えていません。留学している感覚に近いですね。まだ、ここでやりきったという感覚がないので、すぐに行くことは考えていませんが、自動車産業が大きいドイツや、アメリカに行くことも考えます。将来的には技術者ではなく、経営のスペシャリストになりたい。どこかでマネジメントの経験を積んでから日本に帰ることを考えています」

中作さんは日本の文化や食事も好きで、いずれは日本に戻って働くことも視野に入れている。一方で、中作さんから見る日本の会社のイメージは、育児休暇の制度があっても遠慮しながらとる雰囲気が残っているというものだ。結婚して子育てをする日本人の知り合いは「欧州は子育てがしやすい」と口をそろえる。

「有給だけでなく、育休もとりやすい。男性も育休で長期間休む人は多い。フレックスタイム制度も普及していて、自分の裁量で働く時間を決められる。だから、子どもを保育園に送ってから午前10時に出社してもいい。フルタイムで働いていた人が、子どもが生まれてから、たとえば週20時間勤務にして子どもとの時間を増やすこともできる。欧州は転職がしやすいので、待遇が悪いとすぐに転職する。日本は社員が滅私奉公で働いても経済がずっと停滞しています。欧州では、だめな会社は社員に見限られます」

かつて、日本は小さな島国に1億人以上が暮らすことが経済の原動力にもなり、独自の経済活動を展開する余地があった。ところが、少子高齢化で国内にいるだけでは十分な活動が展開しづらくなっている。国際化で、海外生活が遠いものではなくなったことが救いになるかもしれない。

レールを外れた鉄道職員　海外生活の実現へ

マサヒロさん（30代）

悲壮な決意を固めてではなく、もっと気軽に海外移住を考える人もいる。

「海外で働くといっても、国内で転職する延長線上の感覚ですね。うまくいかなかったら日本に戻ればいいだけで、特別なことではないと思います」

マサヒロさんは、大学を卒業後、新卒で入った鉄道会社を4年で辞め、オーストラリアに移り住んだ。

さぞ外国語に堪能なのかと思いきや、日本語以外はできない。

出身は愛知県で、大学進学とともに東京に移り住んだ。東京を気に入り、就職活動では全国転勤のない首都圏の鉄道会社を第一志望にした。現場で汗を流す仕事への憧れも強く、鉄道会社はまさに自分にぴったりだと思った。複数社から内定をとった。

仕事自体は楽しかった。そして、人のうらやむ安定した大きな組織。社風は少し形式張ったところもあり、風通しがやや悪いようにも感じたが、乗客の安全が最優先のため、手続きを重視していると考えれば、それはそれで合理的ともいえる。会社に大きな不満はなかった。

ただ、働き出して2年半ほどたち、乗務員としてまわりが見えるようになってきたある冬の日の朝、転機は突然訪れた。

ふと、自分の乗務する電車に乗り込む勤め人たちの姿が目に入った。みんな、眠そうな目をし、うつむき加減で歩いている。その人たちを電車で運ぶのが自分の仕事で、自分の人生も決まったレールの上だな……。鉄道に関わる者としてふさわしくないとは思いつつも、突然、そんな気持ちがこみ上げてきた。

その思いは、何日たっても、消そうにも消えない。この日を境に、この会社で働き続ける未来を描けなくなってしまった。

ちょうど、大学時代の同級生たちの転職が増え出した時期でもあった。自分は、本当は、なにをやりたいんだろう……。そういえば大学時代、十数カ国をめぐったのが楽しかった。一生に一度は海外で暮らしてみたい、漠然とそう思っていた。実質賃金が減り続ける日本にとどまるよりも、海外で働いたほうが賢いのではないか。青年を対象にしたワーキング・ホリデーの制度を使うなら、残された時間は少ない。焦りながら、1年ほど考え続けた。

会社に年に一度、今後のやりたいことなどを自己申告書にまとめて提出する時期が迫ってきたが、どうしても書けず、白紙で出した。悩んでいることを正直に伝えると、上司や同僚は「若いうちは好きなことをやるべきだ」と背中を押してくれた。

海外に移住するとして、どうやって生活費を稼いだらいいのか。ポジショントークや虚偽、誇張も混じるSNSを使って情報を集めるのはそこそこにし、ひたすら論理的に考えるようにした。

仮に現地の言葉を完璧に操れるようになったとしても、それは現地の人と同じレベルになったのにすぎない。現地の人たちからしたら素性のよくわからない自分と、地元の人と、現地企業はどちらを採用するだろうか。まして、人種差別などのことも考えると日本人は分が悪いのではないか。そうすると、なにか技能でも持っていないと、語学力があっても移住して働くのは難しいのではないか……。

どんな技能ならいいのか、ＩＴ関連の業種などいくつか検討した。その結果、もともと料理好きだし、自分の好きな現場の仕事でもある「調理師」が、自分には最適なように思えた。ただ、日本人がたとえばフレンチレストランをやっても現地で埋もれそうで、日本人であることが強みになりうる「寿司職人」だとジャンルとして狭い気がする。そうだ、少し間口の広い「和食の調理師」になろう。そう決めた。会社を辞めて実家の愛知に戻り、専門学校に通うことにした。

退職の手続きは拍子抜けするほど事務的だった。

「あ、それはね、フォーマットがあってね」

相談した上司は、退職願の記入用紙をわざわざ印刷して手渡してくれた。専門学校で2年間、調理の基礎から学んで調理師免許を取得した。その後すぐにフィリピンに短期の語学留学をしたのち、ワーキング・ホリデーの制度を使ってオーストラリアに移り住んだ。

いまは、現地で調理師として働いている。カナダは永住権を取りやすいと聞き、カナダへの移住も検討している。若い世代は、「大企業に入って、家を買って」というような年功序列・終身雇用の意識は薄い。古くさいレールを外れようが、より良い環境で働き、暮らしたいという気持ちのほうが強いと感じている。

「なにか新しい挑戦をするとき、『世界に打って出る』みたいに力むのではなく、海外移住が自然と選択肢に入る。そんな時代に変わってきたのではないでしょうか」

おわりに

この本は、2023年1月23日〜8月19日にかけて、朝日新聞、朝日新聞デジタルに掲載された連載「わたしが日本を出た理由」の本編、反響編、海外編に新たに取材を加えて構成・加筆したものです。職場で精神的に追い詰められカナダで保育士になった元教員、子どもの教育のために仕事を辞めマレーシアに行った人、国境を超えたリモートワーク生活を実践する人――。給料、休日、職場環境、教育、成長、挑戦、働き方、家族、社会の多様性など、日本を出て海外に向かった理由は人それぞれで、また1人のストーリーにいくつもの理由が重なっていました。みなさんはどの登場人物に共感して読まれたでしょうか。

日本は今、外国人にとって人気の旅行先。安全で清潔、外食も美味しくて割安だと喜ばれます。あなたがもし、生活のなかで消費者としてサービスを受けて過ごすことが多ければ、もしくは旅行者だったら、日本の暮らしは快適な経験でしょう。けれどもし、あなたが主に働き手でサービスする側だったり、子育てや介護をしていたりしたら、そうは思わないかもしれません。若いときに日本の経済成長と強い円を経験した世代と、インターネットのある環境で育ち、コロナ禍や円安を経験している現在の若者世代では、「海外に出ること」の意味も違うでしょう。同じ取材班のなかでも、年齢や性別や経済事情などによって、日本で生きていくことのとらえ方が違っていました。

今、日本から海外に生活の拠点を移し、外国の永住権を取った日本人は過去最高の57万5千人で、6割以上を女性が占めます。永住権まではとらなくとも海外を目指す人たちが増えていることは、少し前まで、あまり注目されていませんでした。

3年前、この流れを「静かなる流出」と論文で表現したメルボルン大学の大石奈々准教授（移民研究）は、この言葉に二つの意味を込めました。多くの人に知られずに多くの日本人が流出していることと、移住者が本当の理由を話せないまま日本から出て行っているということです。

転職などで会社を辞めた人の4割は、会社に本当の理由を伝えていない、という記事

（「『本当の退職理由、会社に言わず』４割　人材会社が調査　『円満退社したい』『理解されない』」２０２３年２月６日朝日新聞朝刊　石山英明記者）もありました。「円満退社したい」「理解してもらえない」と考えているからだそうです。会社を辞めた本当の理由はという と、「人間関係が悪い」「給与が低い」「会社の将来性に不安」。それでは確かに、残る人には言いづらいでしょう。それは、海外に拠点を移した人たちにも通じるところがあります。わたしたち取材班は、海外に出た人たちがそれぞれの国でどんな暮らしをしているのかと合わせて、まずは「出て行く理由」に焦点を合わせ、丁寧に聞いていくことからはじめました。

ブログやSNSで移住生活を発信する個人には、ときに「日本を捨てたくせに」「帰ってくるな」という否定的なコメントが寄せられることもあります。「どこどこではこうだ」という意見に対し、「出羽守《でわのかみ》」と揶揄する表現もあります。それにもかかわらず「元の職場や、大切な人が暮らす日本の社会がもっと良くなってほしい」という思いであえて話してくれる人たちの存在は貴重です。実際に、在外邦人が胸にしまっていた「日本を出た理由」に耳を傾けることは、日本を見直す作業になりました。

浮き彫りになったのは賃金の安さだけではありませんでした。過酷な職場の環境、多様性を欠く社会、長時間労働、パワハラやセクハラ、女性の立場の弱さ、賃金の低さ、休日の少なさ、うつ、移動の難しさ、学び直しの機会の少なさ、公教育の危機、多様な生き方への理解の少なさ、などが人々の目を日本から海外に向けさせていました。「個人の感想」を裏付けるために経済協力開発機構（ＯＥＣＤ）などの国際比較のデータを見ても、「日本の実質賃金は加盟国の中で最低グループ」「日本の小中学校の教員の仕事時間は最長」「１週間の総労働時間は調査国中で日本女性が最長、自分の食事や睡眠時間は日本女性が最短」「職場でうつになった人に『何もしない』と答えた人は日本が最多」といった数字が並びました。

結局、日本を出た理由を聞いていくことは、日本の現在地を知ることでもありました。読者のみなさんも、様々なストーリーを読み重ねることで、多層的で立体的な日本が見えてきたのではないでしょうか。それは、浮き彫りになった点を優先的に改善していくことでしか、人の流れは変えられないという明確なメッセージでもあります。「日本から海外へ」だけでなく、「地方から東京（大都市）へ」の移動の背景にも通じるものがあるかもしれません。

連載がはじまるとすぐに、取材班には様々な反響が届きはじめました。「こんな連載を待っていた」「日本はだめだから若い人たちはもう、どんどん出て行ってほしい」「自分も同じ気持ちで海外に行くつもりです」「今の人たちは、『日本を良くしよう』じゃなく、出て行ってしまうんだな」——などです。「自分はもう無理だが、子どもは留学してそのまま海外で就職してほしい」「自分の子どもには海外に行かせたい」という親たちのものも少なくありませんでした。

なかには「日本はだめだ、だめだということが書いてあって、動けない自分は置いていかれる気がした」という率直な感想もありました。自分の住んでいる国から、少なくない人たちが出て行くのを見る気持ちは複雑です。気持ちはあっても、様々な事情で現実的にはそれを選べない人もたくさんいる。ただ、海外に出ることが正解だったり唯一の解決法ということではありません。海外在住30年という人の「それが成功なのかと振り返ってみたけれど、失敗や成功という単純なものではない」というお便りは印象的でした。

一つ言えることは、出て行く人が起こすさざ波や、帰ってきた人が持ち帰ってくる文化や経験や考え方はまた、日本のどこかで共有されるということです。個人が自由に移動することは生まれながらの権利の一つで、強制して止めることはできません。けれどもその経験や知見も受け入れることで、社会や政治に新しい価値観や動きをもたらします。

それだけでなく、自分が海外で働く、あるいは海外に身近な人を送り出すという経験は、様々な思いを胸にやって来て日本で働いている外国の人や、日本にいる海外ルーツの子どもたちへのわたしたちのまなざしを変えることになるでしょう。海外で働くために払う犠牲やコスト、永住権を取るために費やす年月と努力、新しい国で育つ子どもの教育への責任と希望、社会に受け入れられる安堵感やふるさとを恋しく思う気持ち。誰もが一度の人生を真剣に考え、決断して生きていると知れば、隣り合う海外から来た人たちを、日本が、日本社会や自分がどう扱っているのかも気になるはずです。

また、あらためて共有したい認識は、労働力不足や少子高齢化という課題は今、日本だけのものではないということです。北米や欧州、そして韓国なども、この課題の解決に国をあげて、移民との共生社会づくりや労働条件の整備、移住のしやすさや個人を尊重する教育環境を競い、人を惹きつけようとアピールしています。本書に出てきた人たちはどんなポイントに注目し、なにを重視し、なにが決め手だったでしょうか。移住を考える人たちは、インターネットやSNSで情報を見て国を比較したり、生活をイメージしたりして、働く国を選んでいます。今のままだと、日本が海外から働き手を集めること、日本の働き手を日本にとどめておくことは、ますます難しくなるでしょう。

国は少子化について懸念しています。でも、国全体の人口を考えるなら、生まれる赤ん坊の数だけ気にしていては足りません。日本で生まれたからといって、日本で働き、日本で子どもを育て、日本で働いて老後を迎えるのが当然……ではない時代です。かつて「法人税を高くすれば、企業が外国に逃げるからできない」などと言われてきましたが、法人ではなく「邦人」が出て行くことをなぜ気にしないのでしょう。

佐々井司・福井県立大学教授の「海外に永住する日本人の動向は、日本で暮らすわたしたちの生き方次第だと思います。一人ひとりが誇りを持って、充足した生活を送ることのできる社会環境に変えていかない限り、日本の人口は今後も少子高齢化を伴って減り続ける」「日本人が生きづらさを感じている社会に、外国人の方々が期待や憧れを持って来てくれるとは思えません。(略)『外国人に来てもらえばなんとかなる』というあまりにも楽観的で、おごりのあるシナリオは、もう成り立たない」という指摘(76〜77ページ)は、取材中にも実感が迫ってきました。

世界各国で、移民へのビザ発給数や要件など受け入れ態勢は、大胆に、また刻々と変化していきます。たとえば本書で取り上げたカナダは、2024年の留学生の新規ビザ発給数を、前年比で35％減らすと発表しました。北海道教育大学の古地順一郎准教授は、「多くの留学生を受け入れることが『住宅危機』『医療システムの負荷』につながっているとの認識が広がっている。それでも今後も積極的に移民を受け入れるという国としての方針は変わっていない」とみています。

今後も、日本から海外に出る人たちの波はまだ続きそうです。そんななかで、まだこの本でもカバーしきれていない論点として、たとえば、二重国籍を認めるかどうかや、税金や雇用保険による失業手当など、日本で暮らし働くことを前提につくられた制度の見直しなどもあります。移民や難民として外国から来た人たちの処遇、海外ルーツの子どもたちの教育などもまた、そんな文脈のなかであらためて議論されてほしいテーマです。

最後に。1年前に取材班にいた6人の記者たちも、異動や転勤、退社がありました。そのなかで、取材班立ち上げ時から、すべての新聞原稿を編集した清井聡デスク。また書籍化にあたり、エピソードを深掘りしたり、構成し直したりして一人ひとりのエピソードが放つ多様なメッセージを一つの世界観にまとめてくれた朝日新聞出版の富田遙夏さん、宇都宮健太朗さん、海田文さんは頼もしい編集陣でした。

なにより、取材班の記者たちに貴重な経験を話してくれたお一人おひとりがいなければ、連載も書籍化もありませんでした。記事や本書に収録しきれなかったエピソードを含めて取材に応じてくださった方々と、連載にお便りや書き込みをお寄せくださった読者の方々に、あらためて深く感謝申し上げます。そして、この本をお読みくださった方に、その熱が伝わり、現状を変えていくなんらかのヒントになれば幸いです。

堀内京子

■朝日新聞「わたしが日本を出た理由」取材班
※［　］は取材・執筆を担当したページ

堀内京子　ほりうち・きょうこ
元朝日新聞記者（1997～2023年）。現在フリー。著書に『PTAモヤモヤの正体』（筑摩選書）、共著に『徹底検証　日本の右傾化』（同）『まぼろしの「日本的家族」』（青弓社）など。
［はじめに　１章P16～35、55～56　２章P84～98　４章P199～207　５章P236～243　おわりに］

平井恵美　ひらい・えみ
朝日新聞くらし報道部記者。高知県出身。盛岡総局などを経て2013年から経済部。労働分野や流通・小売り、官公庁などを取材。23年春から現部署で子ども関連のテーマを担当。
［１章P36～54、69～78　２章P113～123　３章P138～182　５章P210～217］

三浦惇平　みうら・じゅんぺい
朝日新聞経済部記者。1992年岐阜県出身。2016年に入社後、水戸、津、名古屋、東京で勤務。労働分野や自動車業界などを取材。
［１章P57～68　２章P98～112、124～136　４章P184～199］

松浦　新　まつうら・しん
NHKを経て1989年朝日新聞社入社。共著に『電気料金はなぜ上がるのか』（岩波新書）『ルポ老人地獄』『ルポ税金地獄』（ともに文春新書）『負動産時代』（朝日新書）など。
［１章P79～81　５章P217～235、244～247］

石山英明　いしやま・ひであき
朝日新聞経済部記者。2009年から経済部。労働分野のほか、これまで製造業、流通・小売り、交通、不動産、教育、官公庁などを取材。
［５章P247～251］

清井　聡　せいい・さとし
朝日新聞経済部記者。2000年に入社後、長野、さいたま支局などを経て06年から経済部。18年から６年間次長を務めた後、24年４月から大阪の経済部員として現場取材に復帰。

朝日新書
954

ルポ　若《わか》者《もの》流《りゅう》出《しゅつ》

2024年５月30日第１刷発行

著　者　朝日新聞「わたしが日本を出た理由」取材班

発行者　宇都宮健太朗
カバーデザイン　アンスガー・フォルマー　田嶋佳子
印刷所　図書印刷株式会社
発行所　朝日新聞出版
〒104-8011　東京都中央区築地 5-3-2
電話　03-5541-8832（編集）
　　　03-5540-7793（販売）

Published in Japan by Asahi Shimbun Publications Inc.
ISBN 978-4-02-295264-6
定価はカバーに表示してあります。
落丁・乱丁の場合は弊社業務部(電話03-5540-7800)へご連絡ください。
送料弊社負担にてお取り替えいたします。

ルポ　若者流出

朝日新聞「わたしが日本を出た理由」取材班

新しい職場や教育を求め日本を出て海外へ移住する人々の流れが止まらない。低賃金、パワハラ、日本型教育、男女格差、理解を得られぬ同性婚など、閉塞した日本を出て得たものとは。当事者たちの切実な声を徹底取材した、朝日新聞の大反響連載を書籍化。

エイジング革命
250歳まで人が生きる日

早野元詞

ヒトは老化をいかに超えるか？　ヒトの寿命はいかに延びるか？　「老いない未来」が現実化する今、エイジング・クロックやエイジング・ホールマークスといった「老化を科学する」視点をわかりやすく解説する。国内外で注目を集める気鋭の生物学者が導く、寿命の進化の最前線！

損保の闇　生保の裏
ドキュメント保険業界

柴田秀並

談合、カルテル、悪質勧誘、ビッグモーター問題、レジェンド生保レディの不正、公平性を装った代理店の手数料稼ぎ……。噴出する保険業界の問題に向き合う金融庁は何を狙い、どう動くか。当局と業界の「暗闘」の舞台裏、生損保の内実に迫った渾身のドキュメント。